RÉVÉLATIONS

SUR

LA FIN DU MINISTÈRE

DE

M. LE Cᵀᴱ DE VILLÈLE.

PARIS, IMPRIMERIE DE GAULTIER-LAGUIONIE.

RÉVÉLATIONS

SUR

LA FIN DU MINISTÈRE

DE

M. LE Cte DE VILLÈLE,

OU

DÉTAILS D'UNE NÉGOCIATION

POUR FORMER,

AU NOM DU ROI,

UN **MINISTÈRE CONSTITUTIONNEL**;

Ouvrage contenant les entretiens du négociateur avec l'ex-président du conseil, MM. LAFFITTE, CASIMIR PÉRIER, ROYER-COLLARD, etc., et appuyé de notes et pièces justificatives.

PAR J.-B. FLANDIN,

COMMISSAIRE DES GUERRES, CHEVALIER DE LA LÉGION-D'HONNEUR.

PARIS,

MOUTARDIER, LIBRAIRE-ÉDITEUR,

RUE GÎT-LE-CŒUR, N° 4.

1829.

NÉGOCIATIONS

POLITIQUES.

Les plus grands services rendus à la patrie ne sont pas toujours l'œuvre de ceux qui ont reçu d'elle la mission de la protéger contre l'arbitraire du pouvoir, de la défendre contre les erreurs ou la faiblesse de l'administration.

AVERTISSEMENT.

J'ai à rendre compte de ce que, sans mandat aucun, sans autre mission que celle que je me donnai moi-même, j'ai entrepris, en décembre 1827, pour faire tourner au profit du pays la lutte qui semblait devoir s'établir entre la chambre nouvellement élue et le premier pouvoir ministériel de cette époque; entre les idées et les volontés constitutionnelles, qui arrivaient en grande majorité au sein de la législature, et les résistances que le parti-prêtre et l'antique aristocratie, que l'on pensait à tort (je le prouverai) représentés par le président du conseil d'alors, devaient y apporter.

La tâche que je me suis imposée, belle en elle-même, et de nature à recommander à l'estime publique celui qui l'aura accomplie, a cependant cela de pénible, qu'en la remplissant je paraîtrai attaquer certaines réputations parlementaires qui brillaient naguère d'un si vif éclat; je les accuserai d'avoir refusé le concours de leur influence à une transaction politique qui apportait à la France toutes les concessions constitutionnelles pour lesquelles elle milite depuis si longtemps, et sans lesquelles, il faut bien le dire, le prince n'obtiendra jamais des Français que l'obéissance aux lois, sans dévouement pour sa personne; que du respect pour une dignité qui les représente, sans amour pour celui qui en est revêtu.

Il suit de là que le prince pourra compter sur tout l'amour, sur tout le respect des Français, aussitôt qu'ayant en eux la confiance qu'ils méritent à tant de titres, il fera connaître à ses ministres son intention que la Charte, et les lois du royaume qui ne lui sont pas contraires, soient religieusement exécutées dans toutes leurs parties, contre quiconque les aurait enfreintes, et que toute législation qui en aurait altéré l'esprit ou faussé la lettre soit rapportée.

Si je n'eusse consulté que mes intérêts personnels, certaines convenances sociales, j'aurais reculé devant les conséquences de ma publication; parce que je n'ignore pas que je dois bien moins compter sur la reconnaissance du gouvernement pour le service qu'elle lui rendra, en le forçant à satisfaire aux besoins et aux vœux de la France, ainsi que cela avait été résolu par la transaction de décembre 1827, que je n'ai, peut-être, à appréhender le ressentiment de ceux qui se croiront blessés par la publicité que je donne aux mystères politiques auxquels je me suis initié.

Ce n'est donc pas volontiers et de gaîté de cœur que je me décide à rendre publiques certaines circonstances auxquelles ont eu part des hommes qui me semblent avoir mal compris les vœux et les besoins de la France, ou les avoir méprisés s'ils les ont compris.

Je peux honorer, j'honore même leur caractère, comme hommes privés; mais c'est comme hommes publics qu'ils vont paraître sur la scène des événemens de décembre 1827; je ne porte contre eux aucune accusation; je rends compte des faits qui ont eu lieu par moi et avec moi: la France jugera, l'opinion publique prononcera.

« Mais, me diront les hommes qui ap-
« partiennent au parti constitutionnel,
« vous allez, par vos révélations, semer
« la division, jeter la défiance dans nos
« rangs, préparer des joies à nos enne-
« mis, les fortifier de toute la force que
« cette défiance et la division qui en résul-
« tera nous ôteront. A qui, désormais,
« pourrons-nous avoir confiance pour
« nous représenter, pour défendre nos
« intérêts, les intérêts constitutionnels
« de la France dans la chambre élective,
« s'il faut nous défier d'hommes qui
« étaient placés si haut dans l'opinion
« publique ? A quel patriotisme nous
« faut-il croire, si vous nous montrez
« ces mêmes hommes comme plus occu-
« pés de satisfaire leurs passions, que de
« défendre, que de protéger les intérêts
« du pays ; si vous nous donnez la triste
« preuve que, dans la grande circons-

« tance qui vous a occupé, ils ont sacrifié
« ceux-ci à celles-là ? »

Ce raisonnement ne serait pas juste. D'abord, je n'accuse le patriotisme de personne. On a pu mal apprécier les circonstances, se tromper sur les conséquences qu'elles devaient avoir; on a pu errer, on a erré sans doute; mais les intentions furent pures, du moins je le crois.

Ensuite, un parti qui s'appuie sur des doctrines, sur une loi fondamentale existante, favorable aux masses, ne pourrait pas être affaibli par quelques défections, encore moins par le refroidissement du zèle, quelle qu'en soit la cause, de quelques-uns de ceux de ses membres auxquels il avait plus particulièrement remis le soin de défendre ses intérêts. Ce parti aura toujours pour lui les masses que protégent la loi fondamentale, et les doctrines sur lesquelles il s'appuie:,bien différent en cela du parti qui s'est déclaré le détracteur de ces doctrines, l'ennemi de cette loi; lequel perdra toute sa force, le jour où le monarque et ses ministres sentiront qu'il n'est pour eux d'existence sûre, paisible, honorable, que dans le respect pour les doctrines de la Charte, que dans l'exécution pleine et entière de cette loi fondamentale. Or ce jour doit arriver. Une grande faute que je signale a pu nous en éloigner; mais il faudra, malgré toutes les résistances, en dépit de toutes les vaines terreurs que l'on cherche à inspirer au monarque, et en s'affranchissant de ces ménagemens de cour, qui ne sont plus de saison, parce qu'ils finiraient par compromettre ceux dont on croit devoir respecter les préjugés, caresser les faiblesses; il faudra, dis-je, que ce jour arrive : nous en approchons. Une forte résolution de faire le bien, QUAND MÊME, nous y conduira bientôt.

CHAPITRE PREMIER.

SOMMAIRE.

Considérations sur la dissolution de la chambre de 1827.— Dans quel but M. de Villèle la fit prononcer. — Sa situation vis-à-vis des partis divers. — Motifs qui me déterminèrent à tenter une négociation auprès de lui. — Demande d'une audience. — Elle m'est accordée. — Je suis reçu. — Remise d'une première note.

Après une lutte de six années entre les hommes qui, dans l'enceinte de la législature, représentaient l'opinion constitutionnelle, et ceux qui y étaient les organes et les soutiens du parti-prêtre et de la vieille aristocratie, le ministre, ou plutôt le chef du ministère en présence duquel cette lutte s'était prolongée, voyant sa puissance même menacée par les passions qu'il avait eu la faiblesse de caresser, et l'inutilité des concessions imprudentes et coupables qu'il leur avait faites; attaqué encore avec violence, mais avec justice, par les défenseurs de nos libertés, qui l'accusaient hautement d'avoir, par ses actes et par ses lois exceptionnelles, contraires à la Charte et à nos mœurs, qu'une majorité le forçait d'imposer au pays, préparé la contre-révolution, l'anéantissement du code politique qui nous régit depuis 1814; reconnaissant, enfin, ses erreurs, ses fautes, et les dangers dont un pareil ordre de choses environnait le trône, il résolut de faire un appel à l'opinion publique, en faisant prononcer la dissolution d'une chambre dont la majorité était devenue factieuse après avoir été servile, et en provoquant des élections nouvelles.

Je sais que cet acte d'une grande politique est compté pour rien par ceux qui ne veulent voir, dans le président de l'ancien conseil, qu'un fauteur du despotisme, que le protecteur de la faction jésuitique, le coryphée de la contre-révolution. Je sais qu'ils se persuadent à eux-mêmes, et cherchent à persuader aux autres, que M. de Villèle, qu'ils représentent comme un homme qui ignorait l'état de l'opinion publique en France, n'a fait prononcer la dissolution de la chambre, que dans l'espoir où il était que les élections nouvelles feraient justice des hommes composant les deux oppositions, qui s'étaient déclarées ses ennemies dans la chambre élective, et qu'elles ne lui ameneraient que des votes subordonnés et serviles.... Je sais tout cela.

Mais c'est par trop abuser de la crédulité publique que de nous peindre l'homme qui fut pendant six ans à la tête de nos affaires; qui pouvait se procurer, jour par jour, et qui se procurait, en effet, les rapports les plus exacts sur la disposition des esprits; qui pouvait peser dans la balance de sa raison les forces respectives des partis; c'est, dis-je, abuser étrangement de la crédulité publique, que de nous représenter un tel homme comme ignorant toutes ces choses, que le plus obscur journaliste, le plus mince grimaud de la police, savaient par cœur, et comme ayant joué sur le tapis de son imprévoyance, ses destinées personnelles, la sécurité du trône, que des élections jésuitiques auraient nécessairement compromises, et l'avenir de la France, qui était tout entier dans le produit des élections.

L'œil que couvre le bandeau des préventions voit mal ; la vérité devient mensonge, vue au travers du prisme des passions : tout ce qui s'est dit à l'époque de la dissolution de la chambre de 1827, et depuis, l'a prouvé.

Il est temps que la vérité se fasse jour au milieu de tant d'assertions erronées ou mensongères.

Devrais-je avoir besoin de la dire? cette vérité, la voici.

Si M. le comte de Villèle avait, par des actes extra-légaux, par l'improvisation d'une législation contraire à nos mœurs, à la lettre comme à l'esprit de la Charte, par des mesures violentes, acerbes, injustes, injurieuses pour la masse des Français; si, dis-je, il avait, par tous ces méfaits politiques, provoqué la juste animadversion des hommes qui veulent le triomphe des doctrines constitutionnelles, il faut bien dire aussi que toutes ces mesures, tous ces actes, toutes ces lois, n'avaient encore satisfait ni les hommes de la contre révolution, ni les ambitions sacerdotales.

Ayant fait tout ce qui pouvait lui aliéner la confiance des premiers, il n'avait pas fait assez encore pour s'assurer la bienveillance et la soumission des autres. Ceux-ci voulaient le retour entier de l'ancien régime : ils ne s'en cachaient plus ; ils voulaient nous ramener au temps de la vieille monarchie, de la monarchie primitive et de la domination sacerdotale ; et le servage de la féodalité était le lien dans lequel ils auraient voulu nous enchaîner.

Mais le ministre qui tenait dans ses mains les rênes de l'état, et qui avait tant accordé, sacrifié tant de droits, laissé prendre une si grande influence dans les affaires du gouvernement, donné un si grand pouvoir à ces ennemis de nos institutions, s'aperçut, enfin, que tant de concessions, qu'il croyait n'avoir faites qu'à la paix publique, ne faisaient que rendre plus exigeans, plus audacieux, plus entreprenans, ceux qui les lui avaient arrachées ; il s'aperçut, mais trop tard, qu'ils ne le considéraient que comme le mandataire de leur ambition, le dépositaire de leur puissance, et qu'il lui fallait, ou se déclarer le vassal de la contre-révolution et du parti-prêtre, ou chercher dans un coup d'état, dans un appel à l'opinion publique, les moyens de résistance qui commençaient à lui échapper.

Des refus d'obéissance, des obstacles mis à certains envahissemens, à certaines infractions à nos lois que l'on voulait multiplier, tout cela avait mécontenté le côté droit de la chambre, les hommes de la contre-révolution et leurs adhérens à la cour.

M. de Villèle savait qu'il les avait contre lui, et qu'il pouvait déjà les considérer comme des ennemis d'autant plus acharnés, qu'ils convoitaient sa position et la puissance qui y était attachée; et ces ennemis-là étaient bien autrement dangereux pour lui que les membres de l'opposition constitutionnelle, lesquels pouvaient bien désirer sa chute, la demander, la provoquer par des votes irréguliers (1), mais ne pouvaient pas espérer de lui succéder, de faire arriver au milieu d'eux le pouvoir ministériel qui lui était confié.

Entre ces deux corps d'ennemis, le choix de M. de Villèle ne put être douteux. Écra-

---

(1) Je veux parler des cris : A bas M. de Villèle! prononcés le jour de la revue de la garde nationale.

ser les premiers du poids d'une élection nouvelle qui devait amener une nombreuse majorité de députés professant les doctrines constitutionnelles, fut et dut être la combinaison de ce ministre.

Voilà tout le secret de la dissolution de la chambre de 1827.

L'opinion de ceux qui attribuent cette grande mesure à un espoir différent, qui la transforment en une spéculation contraire, cette opinion ne prouve rien, sinon que ceux qui l'émettent, qui la propagent, n'ont pas pris la peine d'examiner quelles étaient la situation des choses et les dispositions des ennemis de nos institutions, long-temps avant que M. le comte de Villèle s'armât contre eux de cette mesure qui les déconcerta; sinon que, ne sachant pas où était le mal, ils ne pouvaient ni ne savaient apprécier le remède qu'il convenait de lui appliquer, ni indiquer de quel côté il fallait l'aller chercher.

M. de Villèle fut plus clairvoyant qu'eux : la dissolution de la chambre et les élections nouvelles en sont la preuve.

Si les produits de celles-ci ne furent pas en totalité tels que le ministre aurait désiré qu'ils fussent; si elles lui ramenèrent quelques membres de l'ancienne opposition de droite, et, parmi eux, ses plus violens adversaires, ses antagonistes les plus ardens à convoiter sa puissance, ainsi que la presque totalité des membres de l'opposition constitutionnelle; la grande majorité de la chambre élective se composait d'hommes sages, modérés, professant aussi sincèrement, quoique avec moins d'ardeur et d'absolutisme, des opinions favorables à nos institutions; ennemis de tout ce qui tendrait à les détruire; disposés à les défendre contre toute atteinte et pénétrés de cette vérité, que la dynastie que nous possédons est autant indispensable au maintien de ces institutions, que celles-ci le sont à la sûreté, au repos, au bonheur, à l'existence de cette dynastie, et que, devant se prêter un mutuel appui, le devoir d'un loyal député était de combattre tout ce qui tendrait à les séparer ou à les affaiblir respectivement.

Tel était l'état des choses à la fin de novembre 1827, lorsque le résultat des élections fut connu.

Le mécontentement qu'avait fait naître le long despotisme ou l'arbitraire effronté autant que ridicule du ministère qui a disparu le 4 janvier, avait acquis une grande intensité pendant les élections.

La vérité des faits, déjà si propre à exaspérer les esprits, avait été présentée dans les colléges électoraux et dans toutes nos provinces sous les formes les plus capables de produire une grande irritation.

On demandait, on prescrivait aux candidats, on leur faisait jurer d'exiger le redressement de tous les torts, la réparation de toutes les injustices, la réhabilitation dans tous les droits, le respect à la Charte, l'annulation de tout ce qui l'avait violée, de tout ce qui avait altéré sa lettre ou faussé son esprit, la présentation de toutes les lois qui manquent au complétement de notre organisation constitutionnelle.

Mais comment, avec le ministère qui pesait encore sur la France, espérer d'obtenir tout cela pour elle, de lui donner toutes ces satisfactions? Il y avait incompatibilité évidente entre de pareilles exigences et les dispositions bien connues de ceux qui devaient y satisfaire.

De là, nécessité d'un autre ministère.

Ici va commencer mon action.

Je connaissais la situation des esprits; je voyais les dispositions dans lesquelles étaient les hommes que les colléges électoraux envoyaient à la législature; je prévoyais l'opposition que les vœux de leurs mandataires et leurs justes exigences rencontreraient de la part de ceux qui étaient encore à la tête de nos affaires. Jamais des élémens plus opposés, plus disparates, n'avaient été mis en présence pour concourir à une même œuvre. Le moment de la crise approchait et la prudence voulait qu'on la prévînt. Je me dis :

« M. de Villèle doit être bien embarrassé.
« De tous les ministres actuels, c'est celui
« qui paraît avoir davantage la confiance du
« roi, celui dont sa majesté consentirait le
« plus difficilement à se séparer. Comment
« ouvrira-t-il la session? La composition de
« la chambre est si peu homogène avec celle

« du ministère! Ses membres arrivent avec
« un mandat si impérieux!... Si les choses
« restent dans l'état où les élections les
« trouvent, il y aura confusion, anarchie,
« impossibilité de s'entendre. La rigueur
« des exigences repoussera les concessions.
« Déjà on murmure le mot d'accusation; il
« est dans toutes les bouches.... Les plus
« grands désordres, des événemens malheu-
« reux peuvent être la conséquence d'une
« situation aussi critique.... Ne pourrait-on
« pas tirer de cette situation même quelque
« chose d'utile pour le pays, de tranquilli-
« sant pour le trône? M. de Villèle est un
« homme d'esprit; il doit vouloir deux
« choses : conserver sa puissance en dépit
« de ceux qui la convoitent, et, pour y par-
« venir, imposer à ceux-ci le frein de l'in-
« fluence constitutionnelle qui apparaît si
« forte, si animée contre les ennemis de nos
« institutions, et se décider à se placer au
« milieu de cette influence qui cessera d'être
« suspecte à la cour aussitôt que M. de Vil-
« lèle en aura pris la direction. »

« Mais, continuai-je, il ne peut pas se

« présenter de lui-même au parti constitu-
« tionnel ; il l'a trop blessé, trop outragé....
« Un tiers, n'appartenant ni au ministère ni
« à aucune des chambres, mais que ses prin-
« cipes politiques unissent à ce parti, peut
« seul préparer les voies dans lesquelles la
« paix publique et l'accomplissement de nos
« destinées constitutionnelles veulent que
« M. de Villèle entre.....»

Tel fut le raisonnement que je me fis le premier décembre 1827, et, sans y réfléchir davantage, je rédigeai la note que l'on va lire et j'écrivis à ce ministre :

« Monsieur le comte,

« J'ai à vous faire une communication
« qui ne doit pas être vue de vos bureaux et
« que je ne veux remettre qu'à vous-même.
« Je vous prie donc de me donner l'une de
« vos plus prochaines audiences. »

Je reçus le même jour une lettre d'audience pour le lendemain. J'en profitai.

Admis auprès de M. de Villèle, il me dit :
« Bonjour, monsieur ; qu'est-ce qu'il y a
« pour votre service? »

« J'ai eu l'honneur de vous écrire, lui
« répondis-je, pour vous dire que j'avais
« une communication à vous remettre : la
« voici. »

M. de Villèle la prit. Je l'avais, par précaution, placée sous une enveloppe. Il se disposait à briser le cachet; mais j'arrêtai son mouvement, et lui dis « que cette com-
« munication traitait de choses trop sérieuses,
« qu'elle était trop longue, trop grave pour
« qu'il pût la lire pendant le court temps
« qu'il donnait à une audience; que je le
« priais de la lire à loisir; que mon adresse
« y était indiquée, et que si, après l'avoir
« lue, il désirait m'entretenir, je serais à ses
« ordres.... »

Cela dit, M. de Villèle, plaçant ma communication sur son bureau et mettant la main dessus, comme pour m'assurer qu'il en avait conçu l'importance, me répliqua :
« Soyez sûr, monsieur, que je vous lirai, et
« que moi seul vous lirai; et, puisque vous
« me donnez votre adresse, j'aurai l'honneur
« de vous écrire. »

M. de Villèle me fit plusieurs questions

me concernant particulièrement, auxquelles je répondis; puis je me retirai.

Voici dans quels termes était rédigée cette communication, que je nommerai ma *première note à M. de Villèle.*

« Paris, le 1ᵉʳ décembre 1827.

« Monsieur le comte,

« En 1823, j'osai vous écrire pour vous
« dire que, puisque votre opinion, comme
« ministre du roi, était contraire à la guerre
« d'Espagne, vous deviez, imitant un noble
« exemple (1), vous retirer du ministère en
« publiant votre compte-rendu politique.

« Ah! pourquoi n'avez-vous pas suivi ce
« conseil! pourquoi n'avez-vous pas protesté
« de toute la force de votre influence, comme

---

(1) Celui donné par M. Necker, alors que, ne voulant pas participer à des mesures de finances qu'il jugeait désastreuses, il remit volontairement le portefeuille de contrôleur-général des finances, et se retira en publiant son compte-rendu.

« président du conseil, contre cette guerre
« fatale qui a mis les intérêts et l'existence
« politique de deux peuples en péril et coûté
« si cher à la France! Il y aurait eu une
« grande probité et beaucoup de noblesse
« dans une pareille conduite, puisque vous
« n'approuviez pas cette guerre anti-sociale.

« Mais ce n'est pas de cela que je viens
« vous entretenir aujourd'hui. Il s'agit d'un
« intérêt plus pressant.... Je m'explique :

« Vous avez amené le ministère et la
« France à un état de crise duquel il est ur-
« gent que vous les fassiez sortir.

« Cet état, qui se complique gravement de
« la situation des choses à l'extérieur, est le
« résultat des élections que vous avez pro-
« voquées, et qui vous font une nécessité de
« la composition d'une majorité que vous ne
« pouvez plus trouver auprès des hommes
« habitués à soutenir vos projets; car ils ne
« vous arrivent plus en nombre suffisant.

« Vous devez donc, pour obtenir cette
« majorité, sans laquelle l'action du gouver-
« nement est impossible, faire alliance, soit
« avec les hommes de la contre-opposition

« (très improprement nommée *opposition royaliste constitutionnelle*), soit avec ceux qui composent l'opposition libérale, laquelle comprend encore les hommes connus sous la dénomination de *doctrinaires*.

« Pour cela, il vous faut considérer quelle est celle de ces deux oppositions que vous aurez plus de difficulté à rallier.

« Si l'opposition libérale était, comme cette autre opposition, seule et sans autre influence que celle qu'elle reçoit du talent de ses orateurs, le choix serait difficile; car les répugnances, les haines, les passions rivales et ennemies, les ambitions sont, j'oserai le dire, à peu près les mêmes de l'un et de l'autre côté.

« Mais il n'en est pas ainsi, et vous le savez mieux que moi.

« On peut dire avec vérité que les élections nouvelles offrent quatre élémens bien distincts pour la composition de la chambre basse, savoir :

« Premier, la contre-opposition;

« Second, l'opposition libérale;

« Troisième, les doctrinaires;

« Quatrième, les ministériels.

« D'après la statistique, aujourd'hui bien
« connue, des élections faites et restant à
« faire, on peut, je crois, fixer ainsi la
« force respective de chacun de ces élémens:

« Premier (1), cinquante membres ;
« Second (2), cent trente membres ;
« Troisième (3), cent cinq membres ;
« Quatrième (4), cent quarante-cinq.

« C'est donc dans la confusion de chacun
« de ces nombres, de celles de ces nuances
« qui peuvent plus facilement se combiner,
« se confondre, se réunir, que vous devez
« chercher à vous former une majorité au
« sein de la chambre des députés.

---

(1) Ou la contre-opposition, dite royaliste ;

(2) L'opposition dite libérale et seule véritablement constitutionnelle ;

(3) Les doctrinaires, ou les hommes qui sont religieux observateurs des doctrines et des principes du gouvernement représentatif, mais avec prudence et une espèce de modération ;

(4) Les hommes qui votent avec le ministère, quel qu'il soit, quels que soient ses principes politiques.

« Ainsi, monsieur le comte, la question
« est tout entière à savoir quelle est celle
« de ces deux oppositions qui vous présente
« et moins d'obstacles personnels, et des
« chances plus sûres de succès.

« Sur ce point certains journaux vous in-
« struiraient mal, car ils n'expriment le plus
« ordinairement que les opinions extrêmes ;
« ils ne sont l'écho que des sentimens exagé-
« rés. C'est dans le caractère, c'est dans la
« couleur politique des individus que vous
« devez chercher la solution de cette ques-
« tion.

« Or, il faut peu de sagacité pour recon-
« naître que l'opposition libérale vous offrira
« une conquête plus facile, si vous avez le
« bon esprit et la prudence de chercher les
« membres d'un nouveau ministère (dont
« la composition est devenue indispensable)
« non pas seulement dans les rangs de cette
« opposition proprement dite, la transition
« serait trop brusque et pourrait effrayer de
« timides esprits, mais encore parmi les
« hommes auxquels leur respect pour les
« saines doctrines, pour les principes *écrits*

« de la Charte a fait donner le nom de *doctri-*
« *naires* ; ordre déjà bien nombreux, et
« qu'une grande pureté d'intentions, une
« éloquence sévère et persuasive ne peuvent
« manquer d'accroître encore.

« Il n'y a, vous le savez, monsieur le
« comte, entre les principes de l'opposition
« libérale, appréciés sans passion, et ceux
« des *doctrinaires*, qu'une bien faible nuance;
« tandis que cette nuance est tout-à-fait tran-
« chée entre ceux-ci et les membres de la
« contre-opposition.... Je crois inutile d'ex-
« pliquer autrement ma pensée sur ce point;
« vous la devinerez facilement.

« En composant de cette manière le nou-
« veau ministère, vous réduirez à l'impuis-
« sance la plus négative vos rivaux, disons
« mieux, vos ennemis, que vous trouve-
« rez bien plus implacables sur les bancs
« de la contre-opposition que partout ail-
« leurs; vous vous assurerez d'une majorité
« de plus de trois cent cinquante membres;
« vous attirerez à vous les forces réelles du
« pays; vous ferez assez pour l'opposition
« libérale, qui se confiera entièrement aux

« doctrines politiques des Mollien, des Daru,
« des Roy, des Saint-Aulaire, des Royer-
« Collard, etc.

« Une faction qu'à tort, vous le sentirez
« bientôt, vous avez laissée croître en nom-
« bre, en richesses, en puissance, s'effraiera,
« sans aucun doute, de la composition d'un
« pareil ministère; elle prodiguera l'or, la
« menace, les conspirations, les intrigues,
« et au besoin les crimes, les assassinats,
« pour alarmer le souverain, et pour en em-
« pêcher la formation, parce qu'elle crain-
« drait, avec raison, qu'il ne rangeât au nom-
« bre de ses devoirs l'obligation de faire
« exécuter contre elle les lois du royaume ;
« car cette faction est capable de tout, et
« rien ne lui coûte lorsqu'il s'agit de sa conser-
« vation et d'assurer sa domination.... Vous
« voyez, monsieur le comte, que je veux
« parler des jésuites..... Mais vous n'êtes pas
« jésuite. Au milieu des reproches que l'on
« a, de tous côtés, adressés à votre adminis-
« tration, on vous a rendu cette justice, de
« croire que vous avez refusé de vous agréger
« à cet ordre intrus et dangereux, lequel

« cependant vous avez beaucoup trop pro-
« tégé.

« Homme d'état, vous vous inquiéterez
« donc peu des clameurs des membres de
« cette faction, lorsque vous pourrez oppo-
« ser à leurs intrigues, à leurs complots, l'ap-
« pui d'un ministère que la véritable opinion
« publique vous désigne, et qu'elle environ-
« nera de toutes les forces et de tous les
« vœux de la nation.

« Si, au contraire, vous laissant encore
« maîtriser par ces moines audacieux et in-
« solens qui sont toujours en état de con-
« spiration contre les gouvernemens qu'ils ne
« dominent pas, et cédant à d'anciennes
« liaisons si hautement repoussées par ceux-
« là même avec qui vous les entretîntes
« long-temps; si vous pensiez devoir cher-
« cher des collègues nouveaux sur les bancs
« où siégent les L............, les D......,
« les P......, les S........., les L.........., gens
« affamés de pouvoir, qui n'affectent aujour-
« d'hui des principes généreux et un grand
« amour pour la Charte, que pour séduire
« la multitude, tromper les hommes vérita-

3

« blement constitutionnels, et aplanir pour
« ceux de la contre-révolution le chemin
« qui conduit au ministère; si, dis-je, vous
« veniez chercher des collègues nouveaux sur
« les bancs où siégent les hommes auxquels
« je fais allusion, vous ne trouveriez d'abord,
« dans la chambre basse, qu'une majorité
« factice, mal assurée, dont les élémens vous
« échapperaient aussitôt que, forcé d'obéir
« aux ordres de cette faction dominatrice
« dont ils sont les organes et les représen-
« tans, vous viendriez renouveler dans cette
« chambre le scandale de la présentation
« des lois dont ils veulent encore s'armer
« contre notre code politique et contre nos
« libertés; et il resterait contre vous une
« minorité nombreuse, d'autant plus em-
« barrassante, que les intérêts du pays (que
« ne serviront jamais franchement les hom-
« mes qui furent vos amis) seraient dé-
« fendus par les plus beaux talens, par le
« patriotisme le plus pur, par l'éloquence
« la plus propre à émouvoir, à attirer les
« masses, auxquelles, en définitive, il faut
« bien rapporter tout le gouvernement des

« états; par les hommes, enfin, qui seuls
« portent la bannière autour de laquelle,
« dans un danger imminent, dans des cir-
« constances graves, viendront se ranger les
« véritables forces du pays.

« Les couleurs étant ainsi tranchées, les
« rangs étant ainsi comptés, votre choix,
« monsieur le comte, celui du roi, doivent
« être faciles à faire, si la prudence et le pa-
« triotisme vous guident dans le grand œu-
« vre de la composition d'un nouveau mi-
« nistère, dont vous ne pouvez plus différer
« la formation sans compromettre la tran-
« quillité publique, à peine échappée aux
« dangers que lui ont suscités les intrigues
« coupables des ultramontains et de nos ab-
« solutistes.

« Bientôt, monsieur le comte, vous aurez
« à mettre le glaive de la France dans la ba-
« lance de l'Europe. Songez que ce glaive
« doit y peser de tout le poids des forces
« morales, politiques et matérielles de notre
« patrie, et n'oubliez pas qu'un ministère qui
« sera l'organe et l'expression de ces forces
« peut seul l'y déposer.

« Une négociation secrète, adroite, peut
« préparer les voies et vous conduire au but
« que je vous montre : les moyens de la con-
« duire ne vous manqueront pas.

« Je sais, et je le dis aux hommes qui,
« trop absolus dans leur manière de voir,
« s'arment avec trop de confiance de tout
« ce qui flatte leur désir ou sert leurs pas-
« sions; je sais, dis-je, que, maître du budget
« de 1828, vous pouvez, à la rigueur, re-
« tarder l'ouverture de la session de cet exer-
« cice jusqu'au mois d'octobre.

« Mais, outre que ce serait combattre la
« légalité par une escobarderie, et vous alié-
« ner encore les esprits droits et sages et
« l'opinion publique, déjà si prévenue contre
« vous, et si pleine d'hostilité, la situation du
« pays, celle de l'Orient sont trop graves
« pour que vous n'éprouviez pas le besoin
« de vous fortifier contre elle de l'appui de
« la législature.

« Aucune des guerres que la France a faites
« ou soutenues depuis 1792 ne l'exposa,
« peut-être, à plus de chances périlleuses que
« celles que peut avoir la guerre qui se pré-

« pare en Orient. Cette guerre, qui peut
« durer cinquante ans et ne finir que par la
« destruction ou l'asservissement des musul-
« mans d'Europe, affecte trop d'intérêts op
« posés entre eux, pour que l'on puisse es-
« pérer qu'elle se terminera sans de fortes
« secousses politiques qui ébranleront plus
« d'un état. Les cabinets qui sont ou seront
« malgré eux entraînés à y prendre part, ont
« donc besoin de rassembler toute la force
« nationale dont ils peuvent disposer; de
« s'environner de tous les élémens de con-
« servation qui sont autour d'eux; et, au
« nombre de ceux-ci, il faut placer en pre-
« mière ligne la confiance du peuple, sans
« laquelle les gouvernemens sont sans puis-
« sance comme sans considération, et, con-
« séquemment, impuissans à défendre l'hon-
« neur national et le sol sacré de la patrie.

« C'est donc, monsieur le comte, à acqué-
« rir cette confiance, aujourd'hui entière-
« ment perdue, que vous devez travailler,
« et je viens de vous en indiquer le moyen...;
« peut-être puis-je vous en rendre l'emploi
« facile.

« Cette lettre, monsieur le comte, vous
« prouve que je ne partage pas l'opinion des
« hommes qui, rangés sous des bannières
« rivales, j'allais dire ennemies, mais d'ac-
« cord seulement dans la haine qu'ils vous
« portent, proclament bien haut partout
« qu'il n'y a pas d'alliance possible avec
« vous.... J'ai mes raisons pour cela; j'en ai
« pour penser, au contraire, que cette al-
« liance est praticable. J'ajoute que l'excès
« du mal l'a rendue indispensable, et qu'elle
« seule peut y apporter le remède.

« Faite avec le parti le plus faible en
« nombre, en forces réelles, c'est-à-dire, avec
« les membres de la contre-opposition, elle se-
« rait éphémère et ne ferait qu'empirer notre
« situation et compromettre davantage, avec
« la tranquillité publique, des destinées au-
« gustes.

« Contractée avec le parti le plus nom-
« breux, je veux dire avec les amis de nos
« institutions, c'est l'alliance de la nation en-
« tière avec son gouvernement, et celle-là
« est impérissable.

« Mais, monsieur le comte, pour qu'elle

« ait ce caractère, il faut que vous y appor-
« tiez de la franchise, de la loyauté, de la
« bonne foi; il faut plus encore : il faut que
« vous soyez convaincu de la nécessité de
« cette alliance, et que, faisant abnégation
« entière des principes que vous crûtes pou-
« voir professer dans une proclamation fu-
« nestement célèbre et dans d'autres écrits,
« vous reconnaissiez que la Charte est la loi
« écrite à laquelle prince et sujets sont éga-
« lement soumis, et que vous juriez d'y
« chercher désormais le germe de tous les
« actes de votre administration.

« A cette condition, monsieur le comte,
« les rangs des hommes au milieu desquels
« je vous appelle à vous placer vous seront
« ouverts, et vous pourrez reconquérir l'es-
« time publique, dont a dû nécessairement
« vous dépouiller une administration qui
« s'est trop montrée l'ennemie de nos li-
« bertés.

« C'est ainsi, monsieur le comte, et seule-
« ment ainsi, que la confiance dont vous
« honore le monarque pourra, enfin, servir à
« consolider nos institutions et à garantir le

« trône et la France contre des bouleverse-
« mens que la continuation du *statu quo*
« politique rendrait inévitables.

« Je suis, etc. »

CHAPITRE DEUXIÈME.

SOMMAIRE.

Ma première note fait impression sur M. de Villèle. — Envoi de cette note à M. le dauphin. — J'en informe M. de Villèle. — Deuxième note. — Je me présente le 16 décembre au salon de ce ministre. — Entretien avec lui.

Le lendemain, quelqu'un vint me prévenir que cette communication avait fait impression sur M. de Villèle, mais qu'il avait exprimé le désir de savoir si j'étais chargé d'une mission, ou si, en l'écrivant, je n'avais fait que lui soumettre mes propres réflexions.

Je répondis que je ne pouvais pas m'expliquer sur ce point.

Et, en effet, je ne voulais pas tromper ce ministre, en me présentant à lui comme porteur d'un mandat que je n'avais pas, que je ne voulais pas rechercher; mais je voulais encore moins, en lui faisant un aveu qu'il n'exigeait pas, en lui disant la vérité sur ce point, lacérer la lettre de crédit que je m'étais donnée auprès de lui.

Cependant trois jours s'étaient écoulés depuis que j'avais remis à M. de Villèle ma première note, et je n'avais reçu de lui aucune réponse.

Impatient par caractère, ce silence me contrariait. J'avais entrepris une grande tâche, je voulais la remplir.

D'un autre côté, il me semblait que les choses iraient et mieux et plus vite, si je rendais M. le dauphin confident de la négociation que j'avais entamée.

Persuadé donc que son altesse royale aurait le bon esprit d'en reconnaître l'utilité, d'en apprécier l'importance, et de lui prêter, sinon ostensiblement, du moins d'une manière indirecte, l'appui de son influence, je résolus de l'en informer.

En conséquence, j'envoyai à ce prince une copie de ma susdite note, en lui écrivant ce que l'on va lire :

« Paris, le 6 décembre 1827.

« Monseigneur,

« Je crois devoir envoyer à votre altesse
« royale copie de la communication que j'ai

« remise hier à M. le président du conseil
« des ministres.

« Elle indique le moyen, le seul moyen
« qu'il y ait de s'assurer dans les chambres
« d'une majorité compacte et durable, de
« sauver la France des déchiremens auxquels
« elle est peut-être exposée, de lui donner à
« l'extérieur toute la force dont elle a besoin
« dans les graves circonstances qui se prépa-
« rent; de garantir le trône, et nos institu-
« tions, sur lesquelles seules il doit, il peut
« s'appuyer avec assurance, contre des bou-
« leversemens que la continuation du *statu*
« *quo* politique rendrait inévitables.

« Héritier de ce trône, que le choc des
« passions, les intrigues des partis, l'exécra-
« ble ambition d'un ordre réprouvé, ébran-
« lent et compromettent, il vous appartient,
« prince, de faire entendre dans les conseils
« du roi ceux de la prudence.

« Le ministère, tel qu'il est composé, ne
« peut plus administrer notre pays.

« Un ministère pris dans les rangs de la
« contre-opposition, ou de l'opposition dite
« royaliste, compromettrait davantage en-

« core l'avenir de la France et les destinées
« du trône.

« Tandis qu'un ministère choisi parmi les
« hommes de l'opposition constitutionnelle,
« et parmi ceux auxquels on donne le nom
« de *doctrinaires*, parmi ces hommes sages,
« prudens, amis discrets et sincères de nos
« institutions, pleins de probité politique, et
« à la loyauté, à la bonne foi desquels on
« peut se fier; un ministère pris parmi ces
« hommes calmerait toutes les passions, fe-
« rait cesser toutes les inquiétudes, ne frap-
« perait que sur les véritables ennemis de la
« paix publique, sur les fauteurs de rébel-
« lion à la loi fondamentale; et, ralliant au-
« tour de lui les véritables forces du pays,
« ferait cesser également l'état de crise où
« nous nous trouvons placés.

« Prince, le temps presse, la situation est
« grave, impérieuse. Il y va du salut de la
« France *et de celui de tout ce qui n'y a*
« *qu'une existence politique.*

« On parle dans le monde d'un coup d'état,
« du désarmement des citoyens qui compo-
« saient la garde nationale de Paris, de l'ap-

« proche de nombreux corps de troupes.....

« Je repousse loin de moi des bruits dont « la réalité pourrait occasioner les plus « grands malheurs, et que je crois sans fon- « dement.

« Mais, puisque j'ai osé dire ma pensée « à votre altesse royale, je la lui dirai tout « entière :

« Un coup d'état, quel qu'il fût, briserait « tous les liens politiques, et perdrait et ceux « qui auraient eu la témérité de le conseiller, « et ceux qui auraient la dangereuse faiblesse « de le juger nécessaire et de l'ordonner.

« Prince, ces réflexions sont hardies, mais « elles sont l'expression véritable de l'état « des choses.

« Votre altesse royale recevra ces commu- « nications avec bienveillance, si elle veut « bien se souvenir, en lisant mon nom, que « celui qui les lui adresse mérita, par sa « franchise, par sa loyauté, par l'utilité et « la fermeté de ses conseils, à l'époque de la « restauration (1), toute l'estime et la pro-

---

(1) A cette époque, je remis à ce prince et au roi

« tection, stérile toutefois, de feu monsei-
« gneur le duc de Berri.

« Je suis, prince, avec un respect profond,
  « De votre altesse royale,
«Le très-humble et très-obéissant serviteur.»

Je me hâtai d'informer M. de Villèle de cette démarche par la lettre suivante :

« Paris, le 8 décembre 1827.

« Monsieur le comte,

« Trois jours se sont écoulés depuis que
« j'ai eu l'honneur de remettre à votre ex-
« cellence une communication importante
« qui a dû fixer, qui a fixé (on me l'assure
« du moins) son attention.

« Je m'attendais à recevoir une réponse,
« ou à ce que vous me fissiez appeler.

---

un mémoire sur la conduite que l'on devait tenir envers l'armée, sur la direction que l'on devait donner à la marche du gouvernement, en général. Mes conseils furent accueillis et moi aussi. On m'en remercia ; on n'en suivit aucun ; je n'en donnai plus ; je cessai mes rapports dès le mois de juin 1814.....
Le 20 mars arriva....

« N'ayant rien reçu de vous, et ne voulant
« pas laisser les choses dans l'état où je les
« ai placées le 2 de ce mois, j'ai l'honneur
« de vous prévenir que j'envoie à son al-
« tesse royale monseigneur le dauphin, ma
« susdite communication, en lui écrivant une
« lettre dont je joins ici une copie.

« Puissent, M. le comte, vos conseils et la
« sagesse du roi rendre le calme à la France,
« en suivant la marche que j'ai indiquée dans
« ma première communication !

« Je suis, etc. »

Tout cela fait, et mon imagination tra-
vaillant sans cesse, je repassais dans mes
souvenirs tout ce qui caractérisait l'administration de M. de Villèle et pouvait l'in-
criminer ; et, dans cette disposition d'esprit, et en attendant qu'il plût à ce ministre d'ouvrir les conférences auxquelles
je l'avais provoqué, je rédigeai et portai à
son hôtel une seconde communication ou
note, ainsi conçue :

« Paris, 15 décembre 1827.

« Monsieur le comte,

« J'apprends que la première note que j'ai
« remise à V. E. a fait quelque impression
« sur son esprit ; que vous seriez disposé à
« entamer une négociation sur son objet, si
« vous aviez l'assurance que j'ai reçu mis-
« sion pour en traiter.

« Dans l'état où sont les choses entre nous,
« la seule question à examiner, c'est de sa-
« voir si vous éprouvez le besoin de faire
« l'alliance que, par ma première note, je
« vous ai montrée comme le seul moyen de
« salut, dans l'état de crise où nous sommes ;
« si vous êtes sincèrement disposé à faire
« cette alliance, à accepter et à remplir tou-
« tes les conditions que je vous ai présen-
« tées comme la base du traité, et sans les-
« quelles il ne peut y en avoir.

« Tout est là, d'abord : les satisfactions
« que vous exigez de moi viendront ensuite.

« Mais, monsieur le comte, le temps mar-
« che, les passions continuent à s'agiter ; les

« ambitions les plus haineuses, les moins sin-
« cères dans leur profession de foi (1), con-
« voitent une grande succession ; les embar-
« ras se grossissent des nuages dont se couvre
« notre horizon politique ; les incertitudes
« deviennent chaque jour plus grandes ; les
« craintes se changent en menaces.

« Cependant il faut finir par prendre une
« résolution, par s'arrêter à un choix.

« Pourquoi ne pas faire de suite et avec
« bonne grace ce que l'on ne peut éviter ?

« Pourquoi ne pas voir son salut dans ce
« que réclament hautement l'intérêt général
« et la sécurité du trône, dans ce qui assure
« la paix publique ?

« Je sais que votre position vis-à-vis des
« deux oppositions, que vous avez égale-
« ment froissées, est embarrassante. Mais vos
« hésitations ajoutent à votre embarras, au
« lieu de le diminuer.

« Enfin il faut prendre un parti.

---

(1) Je veux parler des hommes de la contre-opposition, qui ne parlent, aujourd'hui comme alors, que
de leur intention de faire exécuter la Charte.

« Il peut bien paraître difficile à des es-
« prits timides et prévenus, de choisir entre
« les hommes de la contre-opposition et les
« partisans des doctrines constitutionnelles ;
« mais une question qui n'a plus besoin
« d'être examinée, et que l'opinion publique
« a hautement résolue, c'est, monsieur le
« comte, que vous devez faire à cette opi-
« nion le sacrifice des hommes qu'elle ré-
« pudie, et convaincre le roi de la nécessité
« de leur donner des successeurs.

« Composer un nouveau ministère du-
« quel vous feriez partie, ce n'est pas une dé-
« faite pour vous ; c'est, au contraire, vu
« l'état d'hostilité où la France se trouve au-
« jourd'hui, à l'égard de l'administration
« actuelle en général, un triomphe, une
« réhabilitation qui vous est devenue indis-
« pensable ; car enfin, dans cette grande
« affaire, l'initiative vous reste, si vous ne
« perdez pas le temps en répugnances pusil-
« lanimes, en combats inutiles.

« On dit que des insinuations ont été faites
« à certains personnages, à l'effet d'entrer
« dans le nouveau ministère, en leur accor-

« dant que les sieurs Delavau, Franchet et
« Vaulchier seraient maintenus dans leurs
« fonctions.

« Cette condition, si elle avait été impo-
« sée, ferait assez connaître la direction que
« ce nouveau ministère voudrait donner aux
« affaires. L'accepter serait donc une faute,
« une grande maladresse. Ne mêlons pas des
« intérêts individuels, fussent-ils ceux d'un
« parti, ou ceux d'une faction puissante,
« aux grands intérêts de l'état, les seuls qu'il
« faille protéger, respecter.

« Les hommes dont il est ici question ont
« déshonoré leurs fonctions par des actes
« qui les couvrent du mépris public, d'un
« opprobre désormais ineffaçable. Leur sa-
« crifice est une loi de la nécessité ; il est
« plus encore, il est une satisfaction due à
« l'opinion publique, qui les accuse avec jus-
« tice, qui les repousse avec raison.

« Plusieurs questions occupent les esprits.

« Première: l'existence du ministère actuel
« se prolongera-t-elle jusqu'à l'ouverture des
« chambres, fixée au cinq février prochain,
« jusqu'à la rédaction de l'adresse? Et ce mi-

« nistère voudra-t-il faire l'essai de son in-
« fluence sur la nouvelle chambre élective,
« compter ses amis, affronter les périls de la
« position où les nouvelles élections et ses
« fautes nombreuses, graves, l'ont placé?

« Deuxième: ou bien, monsieur le comte,
« ferez-vous proroger la session, avant l'épo-
« que fixée pour son ouverture, jusqu'au
« mois d'octobre prochain.... afin de voir
« venir?

« Ou, bien mieux encore : ferez-vous al-
« liance avec l'une ou avec l'autre des deux
« oppositions, et proposerez-vous au roi de
« donner des successeurs à MM. Corbière,
« Peyronnet, Clermont - Tonnerre, Frayssi-
« nous, Damas, Chabrol, etc.?

« Dans quels rangs irez-vous chercher
« leurs successeurs?

« L'affirmative sur les deux parties de la
« première question, serait une grande im-
« prudence.

« Ne donner aucune satisfaction à des
« ennemis vainqueurs, quand ils sont puis-
« sans; quand, réunis par la victoire, ils
« peuvent dicter les conditions du traité, ce

« n'est pas bravoure, c'est bravade ; ce n'est
« pas du courage, c'est de la témérité.

« Affecter de mépriser ces mêmes enne-
« mis, c'est resserrer les liens qui les unis-
« sent ; tandis qu'en donnant au plus puis-
« sant, à celui que vous savez être plus gé-
« néreux, des satisfactions indiquées par la
« prudence, en s'alliant à lui, enfin, vous
« acquérez une force à laquelle il faut que
« l'autre cède... vous triomphez !

« J'ai prévu, dans ma première note, que
« vous pourriez, à la rigueur, faire proroger
« la session de 1828 ; mais je vous ai fait, en
« même temps, remarquer l'illégalité, les
« inconvéniens, les dangers d'une semblable
« mesure.

« Sans doute (et je le dis tous les jours à
« nos rigoristes politiques), menacé, comme
« vous l'êtes par les deux oppositions ; d'un
« refus formel de faire de la législature avec
« vous, il peut paraître d'une légitime dé-
« fense que vous différiez d'assembler vos
« ennemis dans le champ de bataille où ils
« vous attendent pour vous combattre ; que
« vous leur teniez fermée la porte du tribu-

« nal où ils veulent vous accuser, par lequel
« ils espèrent vous faire condamner.

« Mais ce principe d'une légitime défense,
« si naturel, si saint, lorsqu'il s'agit d'un in-
« térêt privé, est odieux, est bas, est cou-
« pable, lorsqu'il est invoqué et mis en pra-
« tique contre les intérêts publics; et tel
« serait ici votre cas.

« Je ne dis pas que vous devez vous sa-
« crifier, vous livrer sans défense à vos en-
« nemis, à vos accusateurs; vous résoudre
« à succomber sous le poids de la haine que
« vous avez accumulée sur vous. Je le dirais,
« je n'hésiterais pas à le dire, si je voyais là,
« et là seulement le salut de l'état; et j'ose,
« en dépit de toutes les préventions que cha-
« cun doit partager, avoir de vous cette opi-
« nion honorable, que vous iriez au-devant
« d'un tel sacrifice, si vous le jugiez com-
« mandé par un si grand intérêt.

« Je vois autrement les choses, et un grand
« nombre d'hommes raisonnables et sans
« passions les voient comme moi.

« L'homme d'esprit et de talent, auteur
« ou coopérateur du mal qui s'est introduit

« dans nos affaires publiques, peut encore,
« à l'aide de la grande confiance dont le
« monarque l'honore, faire le bien, si la
« conversion est franche, s'il veut sincè-
« rement le retour aux principes, au bon
« ordre, au respect pour la loi fondamen-
« tale.

« Ce n'est donc pas le sacrifice de votre
« personne que l'état réclame; ce n'est pas
« même celle de votre influence, de votre
« position ministérielle : il ne demande que
« le sacrifice des principes politiques que
« vous avez professés jusqu'à ce jour; il n'at-
« tend de vous, je vous l'ai dit dans ma pre-
« mière note, que votre serment de recon-
« naître, désormais, « *la Charte comme la*
« *loi écrite à laquelle princes et sujets sont*
« *également soumis*, » et d'y chercher le prin-
« cipe de tous les actes du gouvernement et
« de l'administration; et qu'à l'égard d'un or-
« dre réprouvé par nos lois, dangereux
« (qui tient même, dans les circonstances
« critiques où nous nous trouvons, la
« balance dans laquelle vont se peser les
« grands intérêts qui s'agitent), vous fassiez

« exécuter soudain ces mêmes lois qu'il foule
« aux pieds, pour lesquelles sa présence sur
« notre sol est un outrage et presque un
« crime de lèse-majesté.

« Faut-il donc tant de peine et de si grands
« efforts pour secouer un joug qui pèse (je
« crois vous faire honneur en le pensant)
« à votre caractère, qui inquiète, qui fatigue
« toutes les classes de la société?

« On parle d'un déficit considérable dans
« nos finances, et il paraît être le prétexte
« du refus que plusieurs hommes honorables
« auraient fait d'entrer dans le ministère à
« côté de vous.....

« Je crois facilement à l'existence de ce
« déficit, sans toutefois l'attribuer à des
« causes qui accuseraient votre intégrité.

« Je l'attribue à des complaisances répré-
« hensibles pour la cour, dont les besoins,
« dont le désir de se montrer généreuse en-
« vers certains services, s'ils ont pu excéder
« les listes civiles, les apanages, devaient
« être satisfaits par des moyens légaux. Je
« l'attribue encore à la nécessité où votre
« faiblesse vous a mis de doter, de salarier

« des intrigues politiques que vous eussiez
« dû combattre ou mépriser.

« Enfin, je l'attribue à vos largesses cou-
« pables, quel qu'ait pu être l'ordre qui vous
« les a prescrites, en faveur des milices ul-
« tramontaines.

« Vous ne pouvez plus, monsieur le comte,
« soustraire ce déficit à la connaissance des
« chambres. Les hommes qu'il faut, enfin,
« que vous appeliez à partager avec vous la
« direction de nos affaires, doivent en con-
« naître. Votre obligation, comme compta-
« ble (et vous l'êtes), le soin de votre répu-
« tation, veulent que vous le mettiez à dé-
« couvert, et que vous en déduisiez les
« causes, pièces sur table.

« Éluder la difficulté, ce n'est pas la sur-
« monter.

« Alliez-vous aux hommes qui ne combat-
« tent que pour les principes et les droits
« constitutionnels ; qui n'ont d'ambition que
« celle de leur triomphe, et qui dédaigne-
« raient le maniement du pouvoir, s'il n'était
« pour eux un moyen d'assurer ce triomphe.
« Alliez-vous à ces hommes : alors vous trou-

« verez indulgence pour des fautes aux-
« quelles il n'y a, d'ailleurs, aucun remède;
« alors l'alliance sera scellée; de leur part,
« par les concessions qui peuvent garantir
« votre responsabilité, que des actes impru-
« dens auraient compromise;

« De la vôtre, par les engagemens, par la
« profession de foi dont je viens de vous
« rappeler les termes; et une majorité impo-
« sante viendra confirmer, par son vote,
« cette alliance que la prudence vous com-
« mande de faire, que votre raison doit vous
« imposer.

« Mais si vous vous alliez aux hommes qui
« ont appelé de leurs vœux et soutenu de
« leurs votes toutes les lois d'exception et de
« privilége, qui ont déshonoré les sessions
« précédentes et soulevé contre eux, contre
« le ministère et (osons dire tout ce qui est
« vrai) contre la couronne, compromise par
« une maladroite initiative, toute l'opinion
« publique; à ces hommes dont un historien
« a dit qu'*ils affectaient de montrer à Maza-*
« *rin une haine implacable, et surtout un*
« *profond mépris; que leurs emportemens*

« n'étaient rien moins que sincères et désin-
« téressés; qu'ils n'en agissaient ainsi que
« pour s'emparer de la faveur et de la puis-
« sance de ce ministre...; si, dis-je, enfin, vous
« faisiez alliance avec de tels hommes, l'opi-
« nion publique, qui resterait si fortement,
« si noblement représentée dans la chambre
« basse, par une minorité de près de deux
« cents membres, cette opinion éleverait sa
« voix encore plus haut qu'elle ne le fait tous
« les jours, et contre vous et contre le sys-
« tème politique suivi sous votre présidence,
« et que les mêmes hommes dont je parle, et
« que vous avez dû reconnaître au portrait
« que je viens d'en faire (lesquels jette-
« raient bientôt le masque de l'hypocrisie
« constitutionnelle dont ils se couvrent de-
« puis que vous avez trompé leur ambition),
« vous forceraient à continuer, à compléter
« par toutes les lois dont ils ont eu l'audace
« de menacer la France.

« Le choses arrivées à ce point, force vous
« serait, monsieur le comte, pour avoir mal
« connu les besoins du pays, ou pour les

« avoir méprisés, et pour avoir mal choisi vos
« coopérateurs, force vous serait, dis-je, de
« tomber, et d'entraîner dans votre chute,
« d'autant plus affreuse qu'elle aurait opposé
« plus de résistance, ceux qui auraient eu
« l'imprudence de s'attacher à votre char po-
« litique.

« Il y a, monsieur le comte, plusieurs ma-
« nières de composer le nouveau ministère.

« On peut faire un ministère de fusion des
« deux oppositions.

« Mais celui-ci n'aurait, ne pourrait avoir
« qu'une existence passagère, parce qu'il ne
« comprendrait pas bien tous les besoins du
« pays et ne pourrait y satisfaire.

« Et un ministère purement constitution-
« nel.

« Celui-là seul serait durable, et obtien-
« drait les respects et le dévouement de la
« France.

« Dans la première de ces deux combi-
« naisons ministérielles, c'est-à-dire, dans le
« ministère de fusion ou de coalition, on
« pourrait faire entrer :

« MM. Séguier
ou
Portalis. } Aux sceaux,

Guilleminot
ou
Rayneval
ou
Sébastiani. } Aux affaires étrangères.

Royer-Collard. { Aux cultes et à l'instruction publique.

Chabrol
ou
Lainé
ou
Pasquier. } A l'intérieur.

Laffitte
ou
Saint-Cricq. } Au commerce et manuf.

Soult
ou
Gérard
ou
Lamarque. } A la guerre.

Hyde de Neuv.
ou
Portal
ou
Delalot. } A la marine.

MM. Daru, à l'administration de la guerre.
De Villèle, aux finances, président.

Roy
ou   } au Trésor.
Mollien.

DIRECTIONS GÉNÉRALES :

« MM. Martignac, enregist. et domaines.
De Bouthillier, forêts.
Bertin de Vaux, douanes.
Beaumont, contribut. indirectes.
Bérard, postes.
Becquey, ponts-et-chaussées.
Guizot, police générale.
Hely-d'Hoissel, préfecture de police.

« Mais j'ai dit, monsieur le comte, que
« cette combinaison mixte ne produirait que
« de mauvais résultats.

« Il faut donc s'arrêter à une administra-
« tion purement constitutionnelle.

« Or voici comment celle-ci pourrait être
« composée :

MINISTÈRES :

« MM. de Villèle, présid. du conseil, aux finances.

Roy
ou   } au Trésor.
Mollien.

MM. Séguier
  ou   } aux sceaux
Portalis (1)

Laferronnays
  ou
Saint-Aulaire } aux affaires étrangères
  ou
Bignon.

De Barante
  ou   } Intérieur.
Lainé.

Royer-Collard, cultes et inst. publique.
Laffitte, commerce et manufactures.

Gérard
  ou
Lamarque   } Guerre.
  ou
Sébastiani.

Daru, administration de la guerre.

Molé
  ou   } Marine.
Chabrol.

Doudeauville, maison du Roi.

---

(1) Pourquoi faut-il que je sois aujourd'hui dans le cas de protester contre le choix que je fis, en décembre 1827, de M. Portalis pour les sceaux ?

DIRECTIONS GÉNÉRALES,

avec entrée au Conseil.

« MM. Martignac, dom. et enregistrement.
Maillard, forêts.
Hely-D'Hoissel, douanes.
Gérard, contributions indirectes.
Daure, postes.
Guizot, police générale.
Schoenen, préfecture de police.

« Ce remaniement du ministère et de la
« haute administration en nécessite un de
« tout le personnel des préfectures et des
« sous-préfectures.

« Mais une grande amélioration est à faire
« dans cette partie importante de notre ad-
« ministration publique : c'est de former un
« corps permanent de préfets et de sous-
« préfets.

« Quoi! dans l'administration de la guerre,
« laquelle n'embrasse que les intérêts de quel-
« ques centaines de mille hommes, et n'étend
« sa sollicitude que sur les établissemens con-
« sacrés à notre armée; dans cette administra-
« tion on a jugé nécessaire de donner la per-
« manence de la possession du grade et de

« la fonction à ceux qui la dirigent, mesure
« sage, prudente, qui fait que les fonction-
« naires de cet ordre sont les hommes de la
« loi et non ceux des ministres; et l'on prive
« de cet avantage, de cette espèce d'inamo-
« vibilité, les fonctionnaires qui sont chargés
« d'administrer les grands intérêts de tous
« les Français; on en fait des êtres révoca-
« bles, selon le bon plaisir des ministres!

« Si l'on pouvait n'appeler à ces fonctions
« importantes que des hommes éminemment
« vertueux, sans ambition comme sans be-
« soin, cela pourrait être sans inconvénient,
« parce que leur vertu repousserait, dans tous
« les temps, et sous tous les règnes, les insi-
« nuations, les ordres des ministres corrup-
« teurs et corrompus qui leur commande-
« raient la fraude, l'injustice et l'oppression.
« Mais des hommes pareils sont rares; ils ne
« recherchent pas les emplois, ils les fuient :
« le repos et une honorable obscurité leur
« suffisent.

« Mais lorsque l'on est forcé de confier
« l'administration d'un grand peuple à des
« hommes vulgaires, il y a plus que de l'im-

« prudence à les placer ainsi entre la jouis-
« sance durable d'un riche traitement et leur
« conscience ; car il y a à parier que le plus
« grand nombre sacrifiera celle-ci à celui-là.

« Cependant, monsieur le comte, j'ai en-
« tendu des hommes superficiels, auxquels
« je disais ce que je viens d'écrire, me ré-
« pondre qu'avec mon système il n'y avait
« pas de gouvernement possible.... Dites,
« leur répliquai-je, qu'il n'y a pas de ty-
« rannie possible avec des préfets et des
« sous-préfets dont l'existence politique se-
« rait indépendante des caprices ou de l'ar-
« bitraire des ministres.

« L'anomalie que je signale ici ne s'expli-
« que que par le désir que le pouvoir a d'a-
« voir dans ces fonctionnaires des instru-
« mens d'oppression, n'obéissant qu'à lui.

« Les hommes passent, les lois et les in-
« stitutions restent. Honneur donc au minis-
« tère qui aura rendu aux administrations
« de nos provinces, à ces régulateurs de nos
« intérêts civils et politiques, l'indépendance
« et la dignité dont ils ont besoin pour rem-
« plir convenablement leurs fonctions[1]

« Honneur au ministère qui en aura fait
« ce qu'ils doivent être, les organes de la loi,
« au lieu de les laisser ce qu'ils sont, les exé-
« cuteurs des hautes-œuvres ministérielles ! »

Le lendemain même, je me présentai pour la première fois dans les salons du ministre.

La réception fut polie, prévenante et telle qu'elle devait être à l'égard d'un homme qui ne se présentait ni comme un solliciteur, ni comme un courtisan.

Après avoir répondu aux politesses de M. le comte de Villèle, je me tins sur la réserve jusqu'à ce que la foule se fût écoulée ; alors je l'abordai de cette manière :

« Avez-vous reçu, monsieur le comte, ma
« seconde communication, que j'ai remise
« hier à votre hôtel ?

« — Oui, je l'ai reçue, mais je ne l'ai pas
« lue encore.

« — Dans ce cas, répliquai-je, nous avons
« peu de chose à nous dire ; cependant il
« m'est revenu que ma première note avait
« fait quelque impression sur V. Exc., mais
« qu'elle désirait savoir, avant de s'expliquer

« avec moi sur son contenu, si j'avais une
« mission, ou si je n'avais fait, en la lui adres-
« sant, qu'exprimer mes propres opinions.

« Ce désir de V. Exc. renfermerait une
« question à laquelle je ne peux ni ne dois
« répondre. Lorsque nous serons plus avan-
« cés dans les rapports qui doivent, sans
« doute, s'établir entre nous, je verrai jus-
« qu'à quel point je peux m'expliquer. »

Ici un mouvement que fit M. le comte de Villèle m'expliqua le sens qu'il attachait à ma réponse, et je vis clairement qu'il me considérait comme le mandataire du parti constitutionnel. Je ne l'étais que de moi-même, mais je n'eus garde de détruire son erreur; je continuai :

« Pensez-vous, monsieur le comte, que
« vous trouverez demain matin un moment
« pour lire ma seconde note?

« — Oui, je la lirai, certainement, dans la
« matinée.

« Pensez-vous que vous éprouverez le be-
« soin de m'entretenir ?

« Eh bien! venez demain à midi, je vous
« recevrai.... »

Là finit notre entretien.

Dès ce moment je me vis accrédité auprès du président du conseil; dès ce moment je pus me considérer comme le plénipotentiaire de la France constitutionnelle, pour traiter avec ce ministre de ses plus grands intérêts, des moyens d'assurer la paix publique et la sécurité du trône; de ce qu'il fallait faire pour reprendre notre influence au dehors, et faire que les Français redevinssent enfin la grande nation; toutes choses qui ne peuvent être que le résultat de la rigoureuse exécution de notre loi fondamentale, parce que cette exécution peut seule assurer l'union de la France avec son roi, sans laquelle il n'y a, il n'y aura jamais que des chagrins et des dangers pour le trône; pour la France, que cette diminution de force, qui naît toujours du manque d'harmonie entre deux pouvoirs qui se doivent un mutuel appui, une mutuelle confiance, un mutuel amour.

CHAPITRE TROISIÈME.

SOMMAIRE.

Mes réflexions sur l'entretien de la veille et sur la position dans laquelle il me plaçait. — Je me rends chez M. de Villèle. — Conférence du 17. — Quasi-traité avec ce ministre.

L'objet de ma visite à M. de Villèle étant rempli, je me retirai en réfléchissant sur l'entretien que je devais avoir avec lui le lendemain.

Là commençaient pour moi les difficultés de la mission importante que je m'étais donnée.

Il me fallait, non pas faire comprendre à M. de Villèle qu'il n'y avait de gouvernement possible pour lui en France, qu'en se plaçant au milieu de la majorité parlementaire qui lui arrivait, et en protégeant franchement les intérêts nationaux : comme il était homme de sens et d'esprit, il devait savoir tout cela.

Mais il me fallait le convaincre de la possibilité d'un rapprochement entre lui et cette majorité, d'une alliance sincère entre cette majorité et le trône, aux conditions que j'avais développées dans mes notes.

Il me fallait vaincre des répugnances; dissiper des inquiétudes réciproques; ramener la confiance dans des esprits armés de défiance; faire succéder à tout cela l'harmonie des vœux, des désirs, des volontés.

Ce n'était pas tout encore : la volonté, le pouvoir de faire ce que le pays demandait, ce qu'il avait donné à ses représentans l'ordre d'exiger; cette volonté, ce pouvoir ne résultaient pas nécessairement de la conviction dans laquelle M. de Villèle devait être de la nécessité d'un aussi grand changement dans la marche du gouvernement; les préjugés, les craintes injustes de la cour, les intrigues des absolutistes et du parti-prêtre, n'étaient-ils pas là comme autant d'obstacles qui retiendraient ce ministre?

Les faiblesses du courtisan seraient-elles vaincues par la raison, par la prudence de l'homme d'état?

Le désir de conserver une grande puissance, prête à lui échapper, l'emporterait-il sur la crainte de déplaire? lui donnerait-il la force de faire, enfin, parler la vérité, de donner au monarque les conseils de la sagesse?

Enfin, et c'était le côté le plus délicat de ma position : M. de Villèle consentirait-il à s'ouvrir à moi, à reconnaître un négociateur qui ne lui présentait pas ses lettres de créance; à discuter, à poser, à arrêter avec lui les bases d'un traité aussi important que celui que je voulais obtenir de sa conviction et de son influence sur le monarque, et dont rien de ma part ne lui garantissait l'acceptation par ceux au nom de qui je le lui proposais?

Toutefois, aucune de ces difficultés ne refroidit mon zèle. Je les considérai toutes sans m'en effrayer, sûr que j'étais (.et ne devais-je pas l'être?) que si je réussissais auprès de M. de Villèle, je ne rencontrerais auprès des hommes influens du parti constitutionnel et le dirigeant, qu'empressement à accepter les conditions que mon patriotisme allait imposer au président du conseil, que reconnaissance pour le négociateur..... Je me trompais sur ce dernier point; mais ce n'est pas de mon erreur qu'il s'agit ici ; nous y reviendrons.

Je me rendis donc le lendemain, 17 décembre, chez M. le comte de Villèle.

Aussitôt que je fus introduit auprès de lui, il me dit :

« Eh bien ! monsieur, qu'est-ce qu'il y a
« pour votre service ?

« — Mais, M. le comte, lui répondis-je,
« étonné de la question, il me semble que
« V. Exc. doit le savoir : elle a lu mes notes,
« sans doute ?

« — Oh ! oui, je les ai lues ; mais, voyez-
« vous, je suis si occupé, qu'il m'est bien
« difficile de me souvenir de tout ce que l'on
« m'écrit, de tout ce que je lis. Dites-moi, je
« vous prie, ce dont il s'agit dans vos notes.

« — Volontiers. Il s'agit de la situation des
« choses en France ; de l'état d'irritation dans
« lequel les méfaits (passez-moi le terme) de
« l'administration que vous présidez ont jeté
« les esprits ; de l'impossibilité où est cette
« administration de se former une majorité
« dans la chambre nouvelle ; des moyens

« d'obtenir cette majorité, sans laquelle il
« n'y a pas de gouvernement possible; de ce
« qu'il faut faire pour calmer les esprits et
« rallier l'opinion dominante au gouverne-
« ment, pour assurer la paix publique et
« rendre la sécurité au trône, compromis,
« peut-être, par de grandes imprudences; il
« s'agit encore de vous donner les seuls
« moyens que vous ayez de conserver votre
« influence dans le conseil...

« — Tout cela, me dit-il, est sérieux, est im-
« portant, et mérite mon attention. Expli-
« quez-moi, je vous prie, quels sont les
« moyens qui, selon vous, peuvent nous
« faire arriver à tous ces résultats. »

Cette demande d'une explication que j'avais si clairement et si longuement donnée, me prouva que M. de Villèle, en homme adroit, voulait, avant que de s'ouvrir à moi, savoir si j'étais un simple porteur d'articles, ou si, au contraire, je méritais qu'il me fît l'honneur de discuter les hautes questions que j'avais soulevées et qui allaient nous occuper.

J'étais maître de mon sujet; je n'hésitai

donc pas. Voici, à peu près, dans quels termes je m'expliquai :

« La France politique, vous le savez,
« monsieur le comte, se partage en deux
« partis bien distincts.

« D'un côté la masse de la nation, c'est-
« à-dire, toute la classe inférieure, le com-
« merce, l'industrie, tous les agriculteurs,
« les dix-neuf vingtièmes des propriétaires,
« la presque généralité des magistrats et des
« hommes de loi, et de ceux qui professent les
« arts libéraux.... Tels sont les amis, les sou-
« tiens de nos institutions, auxquelles la révo-
« lution préluda, et que nous a données la
« Charte.

« De l'autre, l'ancienne noblesse, quel-
« ques magistrats, les prêtres et, en petit
« nombre, les individus que leur patronage
« attire à eux, ou qu'il soumet à leur in-
« fluence.... Tel est le second parti, tels
« sont les ennemis du gouvernement con-
« stitutionnel.

« Ainsi, l'on peut dire avec raison que le
« premier parti, le parti constitutionnel, a
« pour appui, et qu'il aurait, au besoin, pour

« défenseurs les vingt-neuf trentièmes de la
« population de la France.

« Et que le second, si faible en le consi-
« dérant sous un rapport numérique, n'a
« de force réelle que celle qu'il reçoit de
« l'appui, de la protection de la cour, du
« laisser-aller des ministres, augmentés de
« l'influence que lui donne encore le mono-
« pole des emplois publics et du commande-
« ment dans l'armée.

« Si ce dernier parti eût usé avec pru-
« dence, avec modération des avantages de
« sa position ; s'il eût eu le bon esprit de
« ménager les intérêts que la révolution
« avait créés, les droits que la Charte a ré-
« gularisés, ou, du moins, de ne les atta-
« quer que lentement et sans bruit; de ne
« miner que sourdement nos institutions ;
« de ne pas vouloir reconquérir en un jour
« les priviléges anti-sociaux dont la raison
« publique et la loi politique l'ont dépouillé;
« s'il eût moins acéré le trait dont il voulait
« blesser la France nouvelle; si son orgueil
« lui eût permis d'environner son triomphe
« de moins d'apparat et de le proclamer avec

« moins d'audace et de jactance ; enfin, s'il
« eût défendu avec plus de modestie et
« moins d'emportement ce qu'il nomme les
« saines doctrines, les droits de la couronne,
« les intérêts de la fidélité au malheur, la
« soumission qu'il réclame pour le sacer-
« doce, l'absolutisme d'une religion; s'il eût
« fait tout cela, peut-être aurait-il réussi à
« nous ramener vers un ordre de choses si
« différent de celui que notre loi fonda-
« mentale a établi en France; peut-être se-
« rait-il sorti vainqueur d'une lutte dans
« laquelle les coups auraient été inaperçus
« et les blessures peu douloureuses ; car le
« Français est si bon, si confiant, si facile
« à conduire, quand on ne blesse pas trop
« vivement sa vanité; il est naturellement si
« disposé à la déférence envers ceux que les
« hasards de la naissance ou ceux de la for-
« tune ont placés dans les hautes régions
« de la société; enfin, il est de race si mou-
« tonnière, qu'il a fallu tous les excès dans
« lesquels le parti dont je parle est tombé,
« pour secouer l'apathie naturelle de l'au-
« tre, pour lui faire comprendre qu'enfin

« on en voulait à ses droits les plus saints,
« à sa liberté politique et de conscience, et
« pour l'avertir qu'il était temps de les défen-
« dre, s'il voulait les conserver.

« C'est dans cet état des choses que la
« chambre a été dissoute et que les collé-
« ges électoraux ont été assemblés. Le ré-
« sultat des élections vous dit assez, mon-
« sieur le comte, que la France constitu-
« tionnelle a compris le danger auquel il
« fallait qu'elle échappât, et qu'elle voulait
« la réparation de tous les griefs; que son
« gouvernement entrât franchement dans
« les voies de la Charte et qu'il ne s'en écar-
« tât plus; l'accomplissement de la foi jurée
« et si souvent violée.... A ce prix, elle
« offre de se rallier au pouvoir; mais c'est
« à ce prix seulement.

« C'est assez dire que tout autre système
« la trouvera hostile.

« Je ne craindrai pas de parler à votre
« excellence des fautes de son administra-
« tion. Elles sont nombreuses; elles ont
« blessé les Français dans ce qu'ils ont de
« plus cher, dans leur gloire, dans leur

6.

« honneur, dans leur amour pour une sage
« liberté, pour une égalité fondée sur la
« raison et les convenances politiques et so-
« ciales.... Votre excellence a donc beaucoup
« à réparer.

« Ne réglant pas mon opinion sur celle
« des autres hommes, je veux croire, je
« crois effectivement que c'est plutôt par en-
« traînement, par faiblesse que par senti-
« ment, que votre excellence a commis
« toutes les fautes qu'on lui reproche. Une
« raison supérieure, un esprit élevé, tels
« que votre excellence les possède, eussent
« repoussé les mesures qui caractérisèrent les
« actes de son administration ; actes qui fu-
« rent si peu en harmonie avec les progrès
« des lumières, la nature et la forme de no-
« tre gouvernement, et que la raison d'état
« mieux comprise, mieux entendue, eût dû
« répudier ; ils les eussent repoussées, sans
« doute, si votre excellence eût eu seule la
« direction de nos affaires ; si des influences
« de tous les instans, puissantes et protégées,
« qu'elle n'eut pas la force d'écarter, lui eus-
« sent permis d'agir d'après les sentimens

« qu'elle avait, sans doute, de ce qui est
« bon, juste, utile et grand.

« Mais des médiocrités ambitieuses s'é-
« taient groupées autour de votre excel-
« lence; elles flattaient des faiblesses dont elles
« attendaient, en retour, protection et con-
« fiance. Chacune d'elles exploita le pouvoir
« qui lui était confié, les affaires dont la di-
« rection lui était remise dans le sens de ces
« faiblesses et au profit des influences para-
« sites et contre-révolutionnaires qui s'im-
« posaient au ministère.

« Voilà, si je ne me trompe, monsieur le
« comte, le secret, la cause, les motifs de
« toutes les fautes qui ont été commises.

« Un tel état de choses ne peut plus sub-
« sister. La France a parlé dans les dernières
« élections. Sa voix doit être entendue : elle
« a fait connaître ses vœux, on pourrait dire
« sa volonté.

« Des élémens parlementaires constitu-
« tionnels veulent un ministère analogue.
« Ils exigeront le retour à tous les principes
« que la Charte a consacrés; l'abolition de
« toutes les lois, de tous les actes, de toutes

« les mesures administratives qui les ont vio-
« lés ; toutes choses qui veulent que les hom-
« mes qui seront appelés à la direction de
« nos affaires soient en harmonie avec l'opi-
« nion dominante qui a produit les élections
« nouvelles.

« Tel est, monsieur le comte, le protocole
« du traité que je viens proposer à votre
« excellence. »

Ici je m'arrêtai. J'en avais assez dit pour fournir à M. de Villèle la matière d'une réponse : il ne me la fit pas attendre.

« J'ai prêté, monsieur, me dit-il, une
« grande attention à tout ce que vous ve-
« nez de me dire. J'ai retrouvé dans vos pa-
« roles l'esprit et le sens de vos notes. Pour
« ma part, je n'accepte pas la totalité des
« censures qui sont dirigées contre l'admi-
« nistration, je veux dire contre le gouver-
« nement du roi. On a commis des fautes ;
« il y a eu du mal de fait..... Quel ministre
« pourra jamais, en France surtout, se
« vanter d'avoir plu à tous les esprits, satis-
« fait à tous les intérêts, contenté toutes les
« ambitions? Les passions seront toujours

« là pour déverser le blâme sur des actes
« qui, jugés froidement, et en tenant compte
« de certaines difficultés, obtiendraient un
« jugement plus équitable.....

« Mais vous avez, sans doute, monsieur,
« à me soumettre autre chose que des géné-
« ralités. Vous avez sans doute des proposi-
« tions à me faire..... Je suis prêt à les enten-
« dre et à les accueillir, pourvu qu'à côté
« des avantages que, selon vous, j'y trouve-
« rais pour le gouvernement du roi, j'y voie
« encore deux choses : le respect des droits
« de la couronne et de la prérogative royale;
« toute sécurité pour la famille régnante. »

Je me hâtai de répliquer :

« Il n'entre dans la pensée d'aucun Fran-
« çais, ami de l'ordre, de porter atteinte à
« aucun des droits constitutionnels du trône.
« Quant à la sécurité du roi et de sa famille,
« rien n'est plus propre à l'assurer que le
« respect qui sera porté à nos institutions.
« C'est dans le renversement de celles-ci que
« serait le danger et non dans leur défense,
« et non dans leur développement et leur
« maintien.

« Vous me demandez quelles sont les pro-
« positions que j'ai à vous faire? Je vais sa-
« tisfaire à votre désir. Mais je vous demande
« la permission de le faire en forme de ques-
« tions, auxquelles vous auriez la bonté de
« répondre simultanément. Cette manière
« introduira plus d'ordre et plus de clarté
« dans les arrangemens sur lesquels je viens
« appeler l'attention de votre excellence, et
« qu'il est de toute nécessité qu'elle ac-
« cepte.

PREMIÈRE QUESTION.

« Reconnaissez-vous, monsieur le comte,
« le besoin de composer une nouvelle admi-
« nistration qui, satisfaisant à l'opinion pu-
« blique, vous assure de la majorité dans la
« chambre des députés?

« Que cette double condition ne peut être
« remplie, qu'autant que l'on prendrait la
« totalité des membres de l'administration
« nouvelle sur les bancs de l'opposition con-
« stitutionnelle dans les deux chambres?

RÉPONSE.

« Ce besoin est de toute évidence. Chargé

« par le roi de composer une nouvelle admi-
« nistration, et après avoir pris les instruc-
« tions de sa majesté, j'adhère franchement
« à la formation d'un ministère dont tous
« les membres, pris dans les rangs de l'op-
« position constitutionnelle, soient des hom-
« mes faits pour inspirer toute confiance au
« roi.

DEUXIÈME QUESTION.

« Pensez-vous que MM..... (1) puissent
« être appelés à faire partie de la nouvelle
« administration, les deux premiers comme
« membres du conseil, les trois autres comme
« directeurs généraux?

RÉPONSE.

« Ces messieurs sont des hommes d'esprit;
« mais je les crois, ou plutôt je les reconnais

---

(1) Ces noms, au nombre de cinq, ne se voient pas sur la note que j'ai remise à M. de Villèle. Je les présentai subsidiairement, et comme une satisfaction que l'on pouvait, sans inconvénient, essayer de donner au côté droit de la chambre élective. Mais M. de Villèle se hâta de les repousser.

« tout-à-fait incapables comme hommes d'ad-
« ministration, comme gens d'affaires. L'un
« d'eux (1) est un fou qui ne m'a jamais fait
« que des sottises partout où je l'ai envoyé.

« Je ne vois pas d'ailleurs la nécessité d'ap-
« peler dans le conseil aucun homme de
« cette nuance. Pour qu'un gouvernement
« soit fort, il faut qu'il y ait homogénéité
« parfaite dans les opinions des membres
« qui le composent. Si donc nous voulons
« former une administration qui inspire
« toute confiance au pays, il faut n'y appe-
« ler que des hommes d'une grande capacité,
« et dont les opinions politiques soient ab-
« solument les mêmes.

TROISIÈME QUESTION:

« On pense qu'il faut créer un ministère
« du commerce et de l'industrie, et l'opinion
« verrait avec plaisir qu'il fût confié à M. Laf-
« fitte.

---

(1) Des raisons de convenance que l'on appréciera m'ordonnent de taire le nom de l'individu auquel s'appliquent ces paroles de M. de Villèle.

RÉPONSE.

« On a fait, monsieur, une grande faute, « et commis une grande injustice, en ôtant « le gouvernement de la banque à M. Laf- « fitte. L'homme qui lui a succédé ne l'a pas « remplacé ; il faut réparer cette faute et « cette injustice.

« Quant au ministère du commerce et de « l'industrie, nous avons un homme qui « a beaucoup de talent dans ces matières....

Ici j'arrêtai M. de Villèle, et je lui dis : « Je vois que vous voulez parler de M. de « St-Cricq : je reconnais, tout le monde se « plaît à reconnaître les grandes connais- « sances commerciales que M. de Saint- « Cricq possède, mais je vous répète, mon- « sieur le comte, que l'opinion publique, « l'opinion du commerce français désigne « hautement M. Laffitte : il serait juste, il se- « rait prudent de lui complaire.

« — Ceci, répliqua M. de Villèle, mérite « d'être examiné. Je ne repousse point M. Laf- « fitte : loin de moi cette intention. Je ne « vous fais que des observations : sur ce « point il sera facile de s'entendre.

QUATRIÈME QUESTION.

« Il y a deux conditions importantes qu'il
« faut accepter, parce que leur refus rendrait
« tout rapprochement impossible.

« La première, c'est l'exécution immédiate,
« pleine et entière des lois du royaume con-
« tre les jésuites, leur dissolution comme cor-
« poration, la suppression de tous les établis-
« semens qu'ils ont fondés en France, au
« mépris de la législation qui les a expulsés.

« La seconde, c'est l'éloignement des fonc-
« tions qu'ils occupent, des sieurs Franchet,
« Delavau, Vaulchier.

RÉPONSE.

« Monsieur, je repousse l'accusation, si
« souvent et si injustement dirigée contre
« moi, qui tend à établir que les jésuites ont
« été rétablis sous mon administration plus
« qu'ils ne l'ont été sous les administrations
« précédentes ; car ils n'ont obtenu sous moi
« que deux séminaires, savoir : un à Billom,
« un autre à.....

« Si nous devons désormais gouverner d'a-

« près le texte et l'esprit de la Charte, nous
« ne pourrons guère empêcher ces religieux
« d'exercer le culte qu'ils professent; car la
« Charte proclame la liberté des cultes, ce
« qui veut dire le libre exercice de tous les
« cultes.

« Mais comme nous sommes arrivés à ce
« point d'exaspération contre eux, qu'ils
« sont devenus un prétexte d'accusations qui
« remontent jusqu'à la personne du roi, dont
« on méconnaît, dont on calomnie les inten-
« tions, ce m'est un devoir, comme premier
« ministre de S. M., de faire cesser ces ac-
« cusations. Pour cela, je consentirai à toutes
« les mesures légales qui auront pour objet
« que ces religieux ne soient plus un sujet
« de discorde entre le pays et le gouverne-
« ment, et de crainte pour la paix publique.
« On leur laissera, comme aux autres mi-
« nistres du culte, le libre exercice du leur;
« mais on empêchera qu'ils s'établissent en
« France comme corporation, qu'ils y aient
« aucun établissement. Enfin, on donnera
« toutes les satisfactions que réclame la tran-
« quillité de l'état.

« Quant à MM. Vaulchier, Delavau, Fran
« chet, je passe condamnation sur ce qui
« concerne ce dernier; mais je crois que l'o-
« pinion est injustement prévenue contre les
« deux autres.

« M. Delavau m'a toujours paru mettre de
« la légalité dans tous les actes de son admi-
« nistration et n'agir jamais avec passion. Il
« n'est peut-être pas à la hauteur de ses
« fonctions, mais je crois que ses intentions
« sont pures.

« Pour M. Vaulchier, le pauvre homme
« est, je crois, bien innocent des reproches
« qu'on lui adresse.

« Ainsi, l'éloignement de MM. Delavau et
« Vaulchier des fonctions qu'ils remplissent
« me semblerait injuste, s'il devait être con-
« sidéré comme l'expression du blâme public,
« comme la punition d'une conduite coupa-
« ble. Cependant ceci n'est qu'une opinion
« que j'émets. Vous me dites, et je sais que
« l'opinion publique diffère de la mienne à
« l'égard de ces deux fonctionnaires; qu'elle
« demande, qu'elle exige leur remplacement
« par des hommes qui lui soient agréables...
« Je ne m'y opposerai pas.

CINQUIÈME QUESTION :

« Il manque à notre organisation politi-
« que plusieurs lois essentielles, telles, en-
« tre autres, une loi municipale, une loi sur
« la responsabilité des ministres, etc.

« D'autre part, il existe des lois que l'opi-
« nion repousse, qui sont contraires à la let-
« tre comme à l'esprit de la Charte, à nos
« mœurs et aux vœux des vingt-neuf tren-
« tièmes des Français. Telles sont la loi du
« sacrilége, la loi des élections, celle propo-
« sée sur la presse, etc.

« Comprenez-vous la nécessité de proposer
« ces premières lois, et de faire rapporter les
« autres, en les remplaçant par d'autres qui
« soient plus en harmonie avec nos mœurs
« et avec l'esprit de nos institutions? Les
« hommes qui consentiraient à entrer dans la
« nouvelle administration feraient de ces deux
« propositions une condition *sine quâ non*.

RÉPONSE.

« Je suis prêt à consentir à la présentation
« de toutes les lois qui seront reconnues

« manquer à notre organisation civile et po-
« litique constitutionnelle, ainsi qu'à la mo-
« dification de celles qui auraient porté
« atteinte à des droits, à des libertés explici-
« tement reconnus par la Charte, et au rap-
« port de celles, s'il y en avait, qui fussent
« en opposition avec cette loi fondamentale
« et avec nos mœurs.

« Sur tout cela, je suis d'accord avec le
« roi, dont, je le répète, on méconnaît les
« principes et les opinions en matière de
« gouvernement, dont on calomnie les in-
« tentions, et qui veut sincèrement l'exécu-
« tion de la Charte.

« Étant ainsi d'accord sur tous ces points,
« je ne demande pas mieux que de discuter
« franchement avec les personnes qui de-
« vraient composer la nouvelle administra-
« tion, les moyens d'arriver au but que l'on
« se propose ; celui de l'exécution pleine et
« entière de la Charte, sans compromettre
« la paix publique. »

SIXIÈME QUESTION.

« M'autorisez - vous à vous présenter les

« noms des hommes parmi lesquels l'opinion
« constitutionnelle voudrait que l'on choisît
« les membres de la nouvelle administration,
« dans toutes ses sommités ? »

RÉPONSE.

« Volontiers.

— « En ce cas, repris-je, voici un projet
« d'organisation représentant une liste à peu
« près triple des individus qui pourraient
« la composer : c'est à peu près le même
« que celui joint à ma seconde note.

— « J'ai lu ce projet d'organisation
« dans une de vos notes, me répondit
« M. de Villèle, après l'avoir parcouru dans
« son entier (1). A une exception près, les
« noms qui y sont rassemblés sont propres
« à inspirer toute confiance au roi.

« Je m'expliquerai franchement sur cette
« exception (2) qui me serait imposée par

---

(1) Voyez pages 63 à 66.

(2) Effectivement M. de Villèle s'expliqua sans détour sur cette exception. Je vais rétablir ses propres paroles : « Il me serait fort indifférent de siéger « dans le conseil à côté de M....; mais je sais que

S. M., dont nous devons respecter certaines
« répugnances, et ne pas tenter de leur faire
« violence.

« Je suis donc tout prêt à m'entendre dé-
« finitivement sur les choix à faire. Je ne me
« réserve que le droit de discuter, dans une
« réunion qui aurait lieu, le mérite relatif
« des individus présentés et les convenances
« de leur admission, tant par rapport au
« roi, que par rapport aux affaires dont on
« voudrait leur confier la direction ; car ce
« que je désire surtout, c'est d'avoir pour
« collègues des hommes d'une grande capa-

« le roi ne le voudrait pas.... Ne tentons pas de faire
« violence à certaines de ses répugnances. »

Dans cette conférence, il me dit beaucoup de choses que je ne dois pas rendre publiques. L'exception dont il s'agit est au nombre de ces choses. C'est ainsi que je tairai, dans le cours de cette narration, tout ce qui, dans un entretien aussi confidentiel, a pu et dû se dire, mais qui pourrait blesser les individus. Je ne m'affranchirai de cette réserve, qui m'est commandée par les convenances, que lorsque la vérité historique de la partie essentielle de ma négociation l'exigera.

« cité, pourvu qu'ils veuillent aussi sincè-
« rement le maintien de la dynastie qu'ils
« réclameront fortement celui des institu-
« tions constitutionnelles.

« D'accord sur le choix des individus et
« de leur agrément, il y aurait une réunion
« à l'effet de se reconnaître, de fixer ses
« idées, d'arrêter réciproquement des bases
« de gouvernement, et les moyens d'entrer
« pleinement et prudemment dans les voies
« constitutionnelles.

« Vous pouvez donc, monsieur, faire
« connaître mes dispositions à ceux que
« vous croirez devoir en instruire, et vous
« présenter chez moi quand vous le croi-
« rez nécessaire : je vous recevrai avec plai-
« sir. »

Telle fut en résumé la conférence que j'ai
eue, le 17 décembre dernier, avec M. le
comte de Villèle.

Si l'on a lu avec attention mes questions
et les réponses que ce ministre y fit, on a
acquis la conviction, aujourd'hui bien affligeante, que le résultat satisfaisait pleinement
aux vœux et aux besoins du pays.

Je ne tairai pas qu'en sortant de chez M. de Villèle, j'eus peine à me défendre d'un mouvement d'orgueil qui me domina un instant.

J'avais vaincu, j'avais ramené aux vrais principes de la Charte l'homme que l'on croyait (non sans raison, en le jugeant d'après les actes de l'administration qu'il présidait) le plus opposé à ces principes ; je l'avais amené à faire, tant à l'égard des individus qu'à l'égard des choses, toutes les concessions que l'opinion publique réclamait, qui devaient être exigées pendant la session; ou plutôt, j'avais provoqué, par l'exposé d'une situation impérieuse, présentée avec énergie, avec adresse, l'aveu des dispositions secrètes dans lesquelles ce ministre, qui connaissait bien les embarras de sa position, était de donner désormais une tout autre direction à nos affaires, et d'accorder toutes les satisfactions que la France avait demandées par les élections; je n'avais rencontré enfin, au lieu des refus, des obstacles, et d'une obstination invincible à rester dans les voies de la contre-révolution, que j'avais appréhendés; je n'avais rencontré, dans M. de Villèle, que raison, équité, désir de réparer les fautes faites depuis la restauration.

Que l'on juge de ma satisfaction!

« Allons, me dis-je, courage! encore
« quelques jours et quelques efforts, et j'au-
« rai rendu à ma patrie le plus grand service
« qu'elle puisse attendre de l'un de ses en-
« fans; j'aurai renversé le système sous le-
« quel elle gémit depuis si long-temps; mis
« à la place l'exécution des lois du royaume
« et celle de la Charte; j'aurai placé la haute
« administration et l'administration des pro-
« vinces dans les mains des plus sincères
« amis de nos institutions, dans les mains
« d'hommes d'une probité politique éprou-
« vée, et dont le mérite, comme hommes
« d'état et comme administrateurs, est géné-
« ralement reconnu. »

Et, continuant mon monologue, je me disais : « Maintenant il me reste à infor-
« mer les principaux membres de l'opposition
« constitutionnelle dans les chambres de tout
« ce que j'aurai entrepris et fait pour le triom-

« phe de la cause qu'ils ont défendue avec
« tant de force et de talent.

« Ce n'est pas de leur part, sans doute,
« que viendront les difficultés. Ils ont trop
« de raison, trop de patriotisme pour ne
« pas s'empresser de donner leur adhésion
« au traité dont je viens d'arrêter les bases
« avec monsieur de Villèle.

« Par qui commencerai-je? A qui ferai-je
« mes premières ouvertures? Examinons;
« choisissons. MM. Laffitte, Périer, Royer-
« Collard, Daru doivent, les premiers, rece-
« voir mes confidences.

« C'est arrêté.

« Rentrons chez moi, rassemblons en un
« résumé clair et précis toutes les parties de
« la conférence que je viens d'avoir avec
« monsieur de Villèle, et allons, dès de-
« main, faire nos visites à ces messieurs, en
« commençant par monsieur Laffitte. »

Tels furent les raisonnemens que je fis et
les résolutions auxquelles je m'arrêtai. On
en verra le résultat dans le chapitre suivant.

CHAPITRE QUATRIÈME.

SOMMAIRE.

Je rends compte à M. Laffitte de ma conférence avec M. de Villèle. — Je suis appelé chez le secrétaire des commandemens de monseigneur le dauphin. — Pourquoi. — Je l'informe de ce que j'ai fait avec M. de Villèle. — Il m'invite à en instruire le prince. — Je le fais.

Le lendemain donc, 18 décembre, je me rendis chez M. Laffitte, emportant avec moi les deux premières notes remises à M. de Villèle, le résumé de ma conférence avec ce ministre, et la lettre que j'avais écrite à S. A. R. monsieur le dauphin, le six du même mois(1). Je passe sur quelques difficultés que j'éprouvai, d'abord, avant d'obtenir que M. Laffitte me donnât audience. C'était l'heure à laquelle il reçoit les personnes qui, chaque jour, viennent lui demander ses ordres et ses commissions. Je venais me jeter comme au travers de ses occupations habituelles, en arrêter le cours.... Il était naturel qu'il me le fît remarquer; mais je dois à la vérité de

---

(1) On la verra à la page 41.

dire qu'aussitôt que je l'eus succinctement informé du motif de ma visite, sa porte fut fermée pour tout le monde, et les affaires de sa maison, du moins celles qu'il traite lui-même, furent, ce jour-là, sacrifiées aux grands intérêts dont je venais l'entretenir.

J'expliquai donc à M. Laffitte ce que j'avais fait avec M. de Villèle, et, pour qu'il en eût une connaissance exacte, je l'engageai à lire les papiers dont je viens de parler.

M. Laffitte me pria de lui en donner lecture : je le fis.....

Je ne répéterai pas les choses bien obligeantes que cette lecture me valut de sa part.

En homme de sens, en homme qui n'a d'autre passion politique que celle du bien public, il reconnut que puisque M. de Villèle était résolu à faire tout ce qui était expliqué dans le résumé de ma conférence, et puisqu'il y consentait AU NOM DU ROI, il fallait que le parti constitutionnel acceptât mes conventions, et qu'il s'emparât, à côté de ce ministre, de tout le gouvernement.

« Vos conventions, me dit-il, satisfont
« pleinement au désir, aux vœux, aux be-

« soins de la France ; leur exécution calmera
« tous les esprits. La France ne demande
« rien de plus. Il est temps d'en finir, et de
« rendre le calme au pays et la sécurité au
« trône. Toujours combattre pour ses droits,
« ce n'est pas en jouir. Beaucoup de mal a
« été fait. M. de Villèle le reconnaît : à tout
« pécheur qui se repent, il faut accorder
« miséricorde, surtout lorsqu'il peut être
« utile de le faire rentrer dans la bonne voie.

« Oublions donc que M. de Villèle a été
« le premier artisan de ce mal, et, puisqu'il
« veut le réparer, mon avis est qu'il ne faut
« pas se priver, en le rejetant loin de nous,
« d'un auxiliaire tel que lui. Le bien, tout
« le bien que vous l'avez décidé à faire ne
« peut être réalisé par nous autres, consti-
« tutionnels, qu'autant que M. de Villèle
« sera là pour dire au roi : Sire, les mesu-
« res que les ministres proposent à V. M.,
« sont sans danger pour elle. Elles sont de-
« venues indispensables.... Seuls, nous ne
« réussirions pas à faire comprendre au roi
« l'urgence de ces mesures.

« Telle est mon opinion.

« Maintenant, il faut voir comment mes
« amis accueilleront cela.

« Suis-je le premier à qui vous en ayez
« parlé ?

« — Oui, Monsieur.

« — Alors je vais en réunir chez moi, dès
« ce soir, le plus grand nombre possible.
« Venez me voir demain matin ; je vous dirai
« ce qui se sera passé à notre réunion. »

Ici je quittai M. Laffitte.

Rentré chez moi, j'y trouvai une lettre que M. le baron d'Acher, secrétaire particulier de S. A. R. M. le dauphin, m'avait écrite la veille, 17, pour m'inviter à me rendre le lendemain auprès de lui (1).

On n'a pas oublié que, le 6 décembre, j'avais envoyé à S. A. R. une copie de ma première communication à M. de Villèle, avec une lettre dans laquelle je m'étais exprimé avec énergie et franchise sur les dangers de notre situation à cette époque, et sur l'urgence des mesures que j'avais conseillées.

---

(1) Voir cette lettre aux pièces justificatives.

L'invitation qui m'était faite par le secrétaire du prince me parut donc être une conséquence de mon message, une manière d'y répondre.

Je ne me trompais pas.

M. le baron d'Acher m'annonça qu'il était chargé par S. A. R. de me remercier de l'envoi que je lui avais fait de ma première communication avec le président du conseil, et de m'informer, en même temps, que « le prince « ne pouvait prendre ostensiblement aucune « part à ce que je ferais; mais que la démar- « che dont S. A. R. l'avait chargé envers moi, « prouvait assez qu'elle ne blâmait pas les « miennes. »

Ceci, comme on le voit, se passait le 18, c'est-à-dire, le lendemain de ma conférence avec M. de Villèle; conférence dont j'avais eu la précaution d'apporter le résumé avec moi, en me rendant auprès de M. le baron d'Acher.

Prolongeant l'entretien, je dis à celui-ci : « Les choses ont bien pris couleur depuis « que j'ai écrit à M. le dauphin. J'ai eu hier « avec M. de Villèle une conférence dans

« laquelle, après de longues et sérieuses ex-
« plications, nous nous sommes mis d'ac-
« cord sur tout ce qu'il fallait faire dans les
« intérêts du pays et du trône : en voici le
« résumé. »

« Ah ! je vous en prie, me dit M. le baron
« d'Acher, veuillez m'en donner commu-
« nication. »

Je me hâtai de le satisfaire.

Son étonnement fut grand.

A peine eus-je fini la lecture de cette pièce importante, que M. le baron d'Acher me pria, au nom du prince, de lui en donner une copie, ajoutant que S. A. R. serait très fâchée de ne pas la connaître. Je lui promis de la lui porter le jour même.

« Avant quatre heures, me dit-il.

« — Oui, avant quatre heures vous l'au-
« rez... »; et je tins parole, en le prévenant que je prendrais la liberté de l'aller voir dans quelques jours, pour savoir si le prince l'avait chargé de quelque ordre pour moi.

CHAPITRE CINQUIÈME.

SOMMAIRE.

Je retourne chez M. Laffitte. — Son embarras, expression de défiance. — Étrange demande à laquelle je m'empresse de satisfaire. — Lettre importante sur la matière.

Le lendemain, je retournai chez M. Laffitte, ainsi que cela était convenu.

« Eh bien ! monsieur, lui dis-je, goûte-
« t-on ce que j'ai fait? Se montre-t-on dis-
« posé à accepter le gouvernement, aux
« conditions si belles, si avantageuses pour
« la France, que j'ai stipulées? »

M. Laffitte me fit attendre sa réponse. Il me parut sombre, embarrassé par mes questions, et comme s'enveloppant dans une réserve que je n'avais pas aperçue la veille.

Enfin, rompant le silence, il me dit :

« J'ai eu peu de monde, hier. »

Puis, sans répondre à mes précédentes questions, il ajouta :

« M. Flandin, me donneriez-vous, si je
« vous la demandais, copie de la conférence

« que vous me dites avoir eue avec M. de
« Villèle ? »

Cette question, et le ton avec lequel elle fut faite, m'apprirent que les amis de M. Laffitte tenaient pour suspecte soit la démarche dont il leur avait rendu compte, soit la possibilité qu'il leur avait fait entrevoir de se rallier à M. de Villèle à certaines conditions ; car on verra plus loin que M. Laffitte ne leur a jamais parlé de moi ni de ma négociation, comme d'une chose faite.

« Oui, répondis-je à M. Laffitte, oui,
« monsieur, je vous remettrai la copie de
« cette conférence, et je vous la remettrai à
« toutes les conditions qu'il vous plaira de
« m'imposer. Je n'en excepte aucune. Vous
« ne me connaissez pas, monsieur, je le vois
« à votre question. Mon nom vous est connu,
« mais non mon caractère. S'il en était au-
« trement, vous sauriez que je suis du très
« petit nombre d'hommes dont les principes
« politiques et les opinions en matière de
« gouvernement sont fixes, invariables ;
« vous sauriez encore que, depuis douze
« ans, je sacrifie à mes principes, à mes

« opinions, ma fortune administrative, mon
« existence tout entière et celle de ma fa-
« mille ; et il y a quelque mérite à cela,
« lorsqu'on est réduit, comme je le suis,
« après vingt-cinq ans de fonctions publi-
« ques, à un modique traitement de non-
« activité. Et puisque vous daignez m'accor-
« der quelque mérite et me prodiguer vos
« éloges, vous devez convenir que j'aurais
« pu, comme tant d'autres, obtenir la fa-
« veur du gouvernement, si j'eusse voulu
« faire trafic de mes opinions et divorcer
« avec mes principes. »

Tout cela prononcé avec l'accent naturel à un homme qui se sent blessé par une injuste défiance, fit que M. Laffitte retrouva sa bienveillance ordinaire; il se hâta de me répondre :

« M. Flandin, ce n'est pas pour moi que
« je vous fais cette demande. Je suis con-
« vaincu de votre bonne foi, de la loyauté
« de votre caractère. Je vois que vous avez
« entrepris l'œuvre d'un bon citoyen. Si vous
« réussissez, vous aurez rendu un service
« immense au pays. Mais j'ai à convaincre

8.

« des hommes qui ne vous connaissent pas,
« et qui tiennent pour suspect tout ce qui
« vient de M. de Villèle. Je veux leur impo-
« ser la confiance que vous méritez que l'on
« ait en vous, en leur montrant le résumé
« de votre conférence avec le ministre. En-
« voyez-le-moi, et écrivez-moi, en me l'en-
« voyant, *que vous m'autorisez à en faire tel*
« *usage que je jugerai convenable*. Ajoutez, si
« vous le voulez, vos réflexions sur la né-
« cessité d'accepter les conventions qui y
« sont développées. Alors, je mettrai le tout
« sous les yeux de mes amis, et je ferai mon
« possible pour les déterminer à se prêter à
« un arrangement qui est, selon moi, le
« seul duquel on puisse espérer d'heureux
« résultats. »

Je répondis à M. Laffitte que je lui enver-
rais ce jour-là même ce qu'il me demandait.

Je pris congé de lui pour aller m'occuper
de le satisfaire; et je lui envoyai dans la journée, avec le résumé de ma conférence avec
M. de Villèle, la lettre que l'on va lire.

«'Paris, le 19 décembre 1817.

« Monsieur,

« J'ai eu l'honneur de porter à votre con-
« naissance les premières démarches que,
« dans l'intérêt général, dans l'intérêt consti-
« tutionnel, et pour prévenir de grands dés-
« ordres, et peut-être de grands malheurs,
« j'avais cru devoir, *proprio motu*, et sans
« y être autorisé ni provoqué par personne,
« faire auprès de M. le président du conseil
« des ministres pour fixer son attention sur
« la nécessité de composer une nouvelle ad-
« ministration, dont les membres seraient
« pris parmi ceux de l'opposition constitu-
« tionnelle dans les deux chambres.

« Je vous ai donné communication des
« deux notes, sous les dates des 1er et 15 de
« ce mois, que j'ai remises à ce ministre; et
« vous avez bien voulu, monsieur, accorder
« votre suffrage aux sentimens qui y sont ex-
« primés, ainsi qu'aux voies de conciliation
« que j'y avais ouvertes.

« Mais vous m'avez fait observer:

« 1° Qu'il existe chez vos amis et chez les hommes que je me suis permis de désigner comme étant ceux dans les rangs desquels il faut aller chercher les membres de la nouvelle administration, une répugnance presque invincible à y entrer à côté de M. de Villèle.

« 2° Qu'aucun d'eux ne donnerait son assentiment à l'accommodement que j'ai préparé, sur lequel j'ai pris l'initiative, sans qu'au préalable ce ministre et le roi ne donnassent des garanties pour la rigoureuse exécution de la Charte; soit en prenant l'engagement de détruire tout ce qui a été fait contre son texte et contre son esprit; soit en proposant ou en s'engageant à proposer, dans la session qui va s'ouvrir, les lois qui nous manquent pour compléter notre code politique constitutionnel.

« 3° Que, si l'on ne peut qu'applaudir à l'intention qui m'a fait prendre l'initiative d'un arrangement sur ces bases avec M. le président du conseil; et s'il faut reconnaître que, dans le cas du succès de la négociation que j'ai entamée, qu'il soit entièrement mon ouvrage, ou qu'il devienne le résultat d'une

« *négociation plus directe à intervenir, j'aurai,*
« *dans tous les cas, rendu un grand service au*
« *pays; on ne peut, en même temps, s'empê-*
« *cher de dire que ce n'est pas par un tiers,*
« *n'ayant reçu mission que de lui-même et de*
« *son dévouement pour la chose publique, que*
« *peut être convenablement conduit le grand*
« *œuvre de la composition d'une nouvelle ad-*
« *ministration.*

« *4° Qu'aucun de vos amis ni des hommes*
« *qui sont, par leur position, dans le cas d'être*
« *appelés à faire partie de cette administration*
« *nouvelle, ne consentirait à avouer des ouver-*
« *tures ainsi faites: d'abord, parce qu'elles*
« *s'écartent des convenances; puis (et c'est là le*
« *point essentiel,) parce qu'elles n'offrent au-*
« *cune sûreté, aucune garantie; qu'il y aurait*
« *de l'imprudence, y fût-on disposé d'ailleurs,*
« *à donner aucune adhésion au fond de mes dé-*
« *marches; et que, si M. le président du conseil*
« *a sincèrement l'intention de former une ad-*
« *ministration nouvelle, qui soit purement et*
« *franchement constitutionnelle, et s'il a les*
« *ordres du roi pour cela, il connaît assez les*
« *individus qui, portés par l'opinion constitu-*

« tionnelle, sont reconnus propres aux affaires
« publiques; qu'il doit, en conséquence, et s'il
« est de bonne foi dans l'accueil qu'il aurait fait
« à mes ouvertures, convoquer auprès de lui quel-
« ques-uns de ces mêmes hommes, afin de s'ex-
« pliquer avec sincérité, et d'ouvrir ainsi direc-
« tement les voies à la négociation que j'ai pris
« sur moi d'entamer avec lui.

« Telle est, avez-vous ajouté, monsieur,
« la seule manière convenable d'aborder la
« question importante qui nous occupe et
« d'arriver au but, désirable pour tous
« les intérêts politiques, que vous vous
« êtes proposé en écrivant vos notes pour
« M. le président du conseil, et en entamant
« sur leur objet des conférences avec ce mi-
« nistre.

« Si ma mémoire me sert bien, monsieur,
« je dois croire que j'ai rappelé ici avec exac-
« titude toutes les observations éminem-
« ment raisonnables que vous m'avez faites
« dans nos derniers entretiens.

« Ces observations ont fait sur moi une
« telle impression, que j'aurais aussitôt
« cessé de donner suite à la négociation que

« j'ai entamée, si, à côté d'elles, j'eusse vu
« une détermination prise par vous, mon-
« sieur, ou par vos amis, de reprendre les
« choses au point où je les ai amenées; et
« de faire, vous et eux, avec plus de con-
« venance et un succès plus rapide, ce
« que je me suis proposé de faire moi-mê-
« me, savoir, un rapprochement entre le
« pouvoir exécutif et le pouvoir législatif;
« rapprochement qui est devenu indispen-
« sable, et que je juge praticable aux con-
« ditions que j'ai présentées à M. le prési-
« dent du conseil.

« Mais, monsieur, d'une part, alors que
« je crus devoir agir dans le sens de ce rap-
« prochement, vous n'aviez, ni vous ni vos
« amis, jugé que la chose pût avoir lieu; et il
« pouvait, d'abord, paraître peu convenable,
« vu l'état d'irritation unanime dans lequel
« on est à l'égard du ministère, que vous ou
« vos amis allassiez faire à M. le président
« du conseil la proposition que j'ai osé ha-
« sarder dans les intérêts publics.

« D'autre part, et par les mêmes raisons,

« il ne pouvait pas convenir à ce ministre
« d'aller auprès de vous ou de vos amis, au-
« devant de ce moyen de conciliation que
« j'ai indiqué.

« Cela explique pourquoi j'ai cru devoir
« prendre l'initiative et me placer entre les
« deux parties, afin d'opérer, aux conditions
« que désirent les amis de la Charte et de
« nos libertés publiques, un rapprochement
« préférable, sans doute, à tous les partis
« extrêmes auxquels, sans ce rapproche-
« ment, il faudrait, de part et d'autre, que
« l'on s'abandonnât.

« Cela explique encore pourquoi j'ai cru
« devoir continuer l'œuvre par moi com-
« mencée, et presser l'époque de l'entretien
« que M. le président du conseil s'était mon-
« tré disposé à m'accorder.

« J'ai eu cet entretien, monsieur ; ce mi-
« nistre, en homme adroit et qui aime à
« peser à la balance de sa haute raison
« les hommes avec lesquels il est dans le cas
« d'établir ses rapports sur des matières aussi
« délicates, a voulu que je lui rappelasse ver-

« balement l'objet de mes notes, qui n'était
« autre que celui de la mission que je m'étais
« donnée auprès de lui.

« Je l'ai fait sans hésitation, et avec d'au-
« tant plus d'assurance et de facilité, que mes
« notes étaient mon ouvrage, et qu'elles ne
« m'avaient été inspirées ni dictées par per-
« sonne.

« La conférence a été longue, sérieuse,
« importante, et (je dois le dire, parce que
« je peux le prouver) toute à la satisfac-
« tion des grands intérêts que je défendais;
« et, conséquemment, conforme aux vœux
« des amis les plus ardens de nos institutions.

« En quittant le cabinet de M. le président
« du conseil, je me suis hâté de recueillir les
« élémens de cette conférence qui, vu son
« objet et la situation toute particulière et
« bien extraordinaire dans laquelle je me
« suis placé, fera époque dans ma vie.

« Ainsi que vous l'avez désiré, monsieur,
« je vous envoie mon travail, ou plutôt je
« confie à votre discrétion, à votre prudence,
« les questions et les conditions que j'ai pré-
« sentées à M. le président du conseil, comme

« bases du rapprochement que j'ai voulu
« opérer, et à droite desquelles j'ai rassem-
« blé les réponses de ce ministre (voir p. 88
« à 99).

« Veuillez les lire avec l'attention qu'elles
« méritent, et aussi avec cette raison, avec
« cette loyauté de caractère qui vous distin-
« guent.

« Tout ce que contient ce *Memorandum*
« est le résumé rigoureusement exact de ma
« conversation avec M. le président du conseil.

« J'ajoute que toutes les concessions con-
« stitutionnelles et de convenance qu'il m'a
« faites sur les choses et sur les individus,
« m'ont paru l'être avec sincérité, ou, si
« vous le voulez, dans un désir sincère de
« calmer toutes les inquiétudes, de faire
« cesser l'état d'irritation où se trouvent les
« esprits, de satisfaire à tous les besoins,
« d'assurer la paix publique.

« Il m'a paru de plus que M. le président
« du conseil, qui a mis plusieurs fois le roi
« en cause dans notre conférence, est tout-
« à-fait disposé à conclure de suite un ar-
« rangement ministériel sur les bases et aux

« conditions que je lui ai présentées, et à
« toutes autres qui seraient la conséquence
« ou le complément nécessaire de ces con-
« ditions.

« En vous confiant, monsieur, le résumé
« de ma conférence avec M. le président du
« conseil, comme tout y est vrai, comme
« toutes mes démarches n'ont eu pour objet
« que de rendre un grand service à la chose
« publique, je vous autorise pleinement à en
« faire usage auprès de vos amis, et même
« auprès de ce ministre, si vous le jugez
« utile; et si vous ou eux vous vous décidez
« à le voir (ce que je désire, ce que je con-
« seille, comme étant le moyen le plus sûr,
« le plus prompt de sauver le pays des dé-
« chiremens dont il est menacé), je vous au-
« torise, dis-je, à mettre ce résumé sous
« leurs yeux et à vous assurer par vous-même
« de l'exactitude de tout son contenu, et de
« la sincérité des intentions de M. le prési-
« dent du conseil.

« Cela ayant lieu, monsieur, le rôle de né-
« gociateur que je me suis imposé par zèle,
« par patriotisme, serait à peu près terminé.

« Je me féliciterais d'avoir mis vous et vos
« amis en position d'employer votre com-
« mune influence à la conclusion du traité
« ministériel que j'ai proposé, dont j'ai posé
« les bases, et qui seul, soyez-en convaincu,
« monsieur, persuadez-le à vos amis, peut
« prévenir de grands malheurs et nous faire
« rentrer dans les voies constitutionnelles.

« Mais, monsieur, permettez-moi de join-
« dre un conseil à ces longues explications.
« Ce que j'ai fait me donne, peut-être, le
« droit de vous le soumettre.

« Ce conseil le voici :

« Ne soyons pas trop absolus. C'est une
« pauvre satisfaction que celle de tenter de
« perdre un homme ou plusieurs hommes,
« même lorsqu'ils sont ou ont été ministres.
« Je dis *tenter*, parce que notre législation
« actuelle est muette, est insuffisante, dans
« l'espèce, à l'exercice rigoureux de l'acte de
« vengeance que l'on médite avec plus d'em-
« portement que de réflexion. Montrons que
« nous avons plus de patriotisme que de
« haine, et que nous savons faire taire celle-ci,
« quand celui-là commande.

« On parle d'engagemens pris avec les élec-
« teurs.

« Ah! croyez, monsieur, persuadez à vos
« amis que les électeurs de la France deman-
« dent bien moins la punition de tel ou tel
« homme, que le renversement du système
« anti-constitutionnel que l'on a suivi jus-
« qu'à ce jour; que le rétablissement dans
« tous ses droits, dans toute sa force, de la
« Charte, de cette *loi à laquelle il faut*, enfin,
« comme je l'ai dit ailleurs, que l'on recon-
« naisse *que princes et sujets sont également*
« *soumis*.

« Or, si le moyen le plus sûr, le plus
« prompt d'arriver à ce double résultat est,
« pour les amis de nos institutions, de saisir
« le pouvoir à côté du président du conseil,
« à côté de M. de Villèle, dont, n'en doutez
« pas, monsieur, le roi verrait avec peine
« l'éloignement, et qui, à beaucoup de ta-
« lens, à une grande capacité, joint aujour-
« d'hui des dispositions favorables aux désirs
« des constitutionnels; si, dis-je, le moyen
« le plus sûr et le plus prompt d'arriver à ce
« double résultat est de former une nouvelle

« administration à côté de ce ministre et sur
« les ruines de *ceux que*, pour me servir de
« son expression, *les circonstances bien plus*
« *que son propre choix lui ont imposés pour*
« *collègues* (1), il n'y a pas à hésiter, mon-
« sieur; il faut entrer dans cette nouvelle ad-
« ministration aux conditions que j'ai pré-
« sentées, que M. le président du conseil n'a
« pas hésité à accueillir, et qui ont obtenu
« votre approbation. L'occasion d'obtenir ce
« résultat, de faire, enfin, triompher les doc-
« trines de la Charte, cette occasion est belle,
« elle est immédiate, elle est sûre..... ne la
« laissons pas échapper par trop d'absolu-
« tisme dans nos principes, dans nos opinions,
« par une obstination déraisonnable dans le
« dessein puéril de renverser un homme
« avec lequel on peut faire le bien plus com-
« plétement qu'on ne le pourrait sans lui;
« qui se montre aujourd'hui si disposé à le

---

(1) M. de Villèle m'a donné, sur la composition du conseil qu'il présidait, des explications piquantes par leur franchise..... Mais je ne peux ni ne dois les répéter ici.

« faire, et qui ne pourrait pas, enfin, le vou-
« lût-il jamais, empêcher qu'il ne fût fait
« par un conseil dont neuf membres sur dix
« seraient sortis des rangs de l'opposition
« constitutionnelle.

« Je suis, monsieur, etc. »

CHAPITRE SIXIÈME.

SOMMAIRE.

Troisième entretien avec M. Laffitte. — Il prend la résolution d'aller voir M. de Villèle.

Il était naturel que je désirasse connaître l'impression que la lettre que l'on vient de lire, avait produite sur l'esprit de M. Laffitte, et l'usage qu'il se proposait de faire de cette lettre et de la pièce qui y était jointe (1).

Je fus donc le voir le lendemain.

« J'ai eu hier, me dit M. Laffitte, huit de
« mes amis. Je ne leur ai ni communiqué ce
« que vous m'avez envoyé, ni dit ce que
« vous avez fait avec M. de Villèle; je leur ai
« parlé, comme d'un rêve, comme d'une
« utopie qui me passait par la tête, de la
« possibilité de s'arranger avec le président
« du conseil, dans le but de composer une
« nouvelle administration qui fût entière-
« ment constitutionnelle. Je voulais sonder

---

(1) Voir la conférence du 17 décembre, p. 78 à 99.

« leurs dispositions, avant d'aller plus loin.
« Quatre d'entre eux n'ont pas dit grand'-
« chose; les quatre autres ont repoussé
« toute idée d'un pareil arrangement. J'en-
« trevois que cela sera bien difficile. On a
« tort; on commet une grande faute. Puis-
« sions-nous n'avoir pas à nous en repentir!
« Je pense, comme vous, que le plus sûr et
« le plus sage serait d'accepter les conditions
« que vous avez arrêtées à votre conférence
« du 17. On regrettera, quand il ne sera plus
« temps, d'avoir repoussé un homme avec
« lequel nous pourrions faire le bien; qui,
« seul, peut-être, peut persuader au roi la
« nécessité d'avoir un ministère purement
« constitutionnel, devenu si nécessaire, et
« sans lequel un pareil ministère ne sera ja-
« mais accepté par la cour.....»

Je dois placer ici une réflexion que je fis, et que chacun fera après m'avoir lu, sur le mystère dont M. Laffitte crut devoir couvrir, aux yeux de ses amis, toute ma négociation avec M. de Villèle.

Loin de moi la pensée de déverser aucun blâme sur ses intentions dans cette circonstance. Personne, au contraire, ne rend plus que moi justice à la grandeur d'ame, à la beauté du caractère privé et du caractère politique de cet honorable député. Il est, sans contredit, un de nos meilleurs citoyens, un homme sur lequel la nation et le roi peuvent également compter; l'une pour la défense de ses droits et de ses intérêts; l'autre pour entretenir, par son exemple et par ses discours, ce respect et cette soumission aux lois qui sont la base et la garantie de l'ordre dans tous les états; et pour prêcher l'amour du prince aussi long-temps que ces lois seront protectrices et non oppressives, aussi long-temps que le prince s'imposera celle de protéger, de défendre nos institutions, d'alléger le fardeau des charges publiques.

Tel est monsieur Laffitte. Pourquoi faut-il que des qualités aussi belles, aussi rares, des sentimens aussi nobles, aussi généreux, ne soient pas soutenus par une grande force de caractère et de résolution? Hélas! cette force de caractère, cette fermeté de résolution ont, il faut bien le dire, totalement manqué à M. Laffitte, dans la circonstance importante dont je livre les détails à l'opinion publique; et il est, peut-être, vrai de dire que c'est à leur absence qu'il faut attribuer le non-succès de la négociation que j'avais si hardiment entamée, si heureusement conduite, jusqu'à ce que je fusse venu en référer et en faire hommage à ceux qui devaient lui prêter le secours de leur influence et de leur adhésion.

En ne rendant pas compte à ses amis de ce que j'avais fait, je suis bien convaincu que M. Laffitte crut prendre le meilleur parti, employer le moyen le plus sage, le plus efficace. Mais, en justifiant l'intention, il faut bien reconnaître que ce fut, de la part de M. Laffitte, une grande erreur que de penser que ses amis saisiraient avec empressement l'idée d'un rapprochement dont rien ne leur démontrait la possibilité, et qu'ils agiraient ou l'autoriseraient à agir dans le sens de cette idée.

Comment, avec une raison aussi supérieure, M. Laffitte a-t-il pu penser que le charme de quelques-unes de ses paroles ferait taire les préventions, éteindrait les haines qui s'étaient, depuis si long-temps et si violemment, interposées entre ses amis et M. de Villèle, et qu'une simple idée, un éclair de la pensée ou de l'imagination, les trouveraient oublieux et disposés à provoquer eux-mêmes un rapprochement dont la possibilité pour eux ne se montrait que dans le vague des espérances que M. Laffitte leur disait avoir conçues, et n'était, à leurs yeux, qu'un effort de son opinion conciliatrice?

Dans des questions de cette gravité, les hommes ne prennent pas conseil d'un rêve, ne reconnaissent pas, dans une utopie, les traits de la réalité.

D'après l'état d'irritation où étaient les esprits, d'après la haine qui existait entre les hommes du parti constitutionnel et le ministère, que l'on voyait tout entier dans la personne de M. de Villèle, il fallait autre chose qu'un rêve, autre chose qu'une utopie, autre chose, même, que les conseils et les opinions de M. Laffitte, pour décider ses amis ou ses co-votans à se prêter à un arrangement dont les conditions devaient leur paraître si difficiles à obtenir. Ah! pour opérer un pareil miracle, pour vaincre les dispositions hostiles dans lesquelles M. Laffitte n'ignorait pas que ses amis étaient, il n'y avait pas trop de la raison d'état : c'est elle qu'il fallait faire parler, en lui donnant pour cortége, pour appui les faits existans, les faits dont je l'avais saisi.

Cette raison d'état, que des hommes raisonnables eussent entendue, et ces faits pouvaient seuls être compris de ses amis, les décider à faire au bien public le sacrifice de leur haine, et éteindre en eux ce désir ardent qu'ils avaient d'attirer sur l'ancienne administration, et plus particulièrement encore sur son chef, cette punition légale, éclatante qu'ils rêvaient déjà, bien qu'elle dût avoir contre elle cette même légalité qu'ils croyaient, qu'ils croient encore, pouvoir invoquer contre des délits non caractérisés, non prévus et, conséquemment, non punis par notre législation.

Or, au lieu de pressentir ses amis d'une manière aussi légère, aussi incertaine sur une affaire de cette importance, il me semble, il semblera, sans doute, à tous les esprits judicieux, que M. Laffite eût dû aborder franchement la question avec eux et leur dire :

« Un homme dont les principes politiques
« sont connus, dont la loyauté n'est point
« équivoque, M. Flandin, s'est imposé, sans
« conseil, sans mandat, sans autre appui que
« celui qu'il a trouvé dans son patriotisme, la
« tâche la plus noble, a entrepris la négo-
« ciation la plus importante.

« Après avoir rappelé à M. de Villèle, avec
« autant de courage que de vérité, tous les mé-
« faits de son administration; après lui avoir
« montré les dangers de sa position et le be-
« soin où il était de faire sa conversion po-
« litique, il a, dans une conférence avec ce
« ministre, traité des conditions d'un rappro-
« chement entre nous et lui; et l'une de ces
« conditions, qui satisfont, d'ailleurs, à tous
« les vœux, à tous les besoins du pays, est
« la création d'un nouveau conseil, dont
« tous les membres, au nombre de dix, se-
« ront pris sur les bancs de l'opposition con-
« stitutionnelle dans les deux chambres.

« Je vous propose, en conséquence,
« d'admettre M. Flandin à une de nos con-

« férences, afin qu'il vous informe de ses
« démarches et vous dise tout ce qu'il a fait
« et écrit, comme il me l'a fait à moi-même,
« après quoi nous délibérerons sur ce que
« nous aurons à faire. »

Tel eût dû être, sans aucun doute, la manière d'agir de M. Laffitte, dans une circonstance aussi délicate.

Si j'eusse été admis à rendre compte à ses amis de tout ce que j'avais fait, la vérité de mes rapports leur eût imposé plus de sagesse, plus de modération dans les résolutions. Ils eussent senti que, s'il n'était ni prudent ni raisonnable qu'ils allassent se jeter dans les bras de M. de Villèle, il ne l'était pas davantage de repousser, avec la main du mépris et le langage de la haine, des conditions de rapprochement que ce ministre n'avait fait qu'accepter, et qu'il avait acceptées de bonne foi; et, dans cet état d'indécision, la raison reprenant son empire, ils m'eussent, sans doute, parlé ainsi :

« M. Flandin, nous ne doutons pas que
« tout ce que vous nous dites ne soit vrai;
« nous applaudissons à votre zèle, nous

« louons votre patriotisme; mais nous ne
« pouvons pas, sur cela seul, et sans autre
« précaution, nous prononcer sur le parti
« auquel nous provoque l'espèce de traité
« que vous avez fait avec M. de Villèle.

« Nous connaissons l'homme : il est fin,
« rusé, adroit; nous pouvons craindre qu'il
« ne cherche qu'à nous compromettre. Nous
« ne prendrons donc aucune résolution sur
« des assertions et sur des faits qui n'en-
« gagent aucunement le président du conseil.

« Avant tout, il faut qu'il s'explique net-
« tement lui-même; qu'il s'engage : cela fait,
« nous nous prononcerons selon que le bien
« de l'état le prescrira.

« —Vos observations sont justes, aurais-je
« répondu; la prudence vous défend d'agir
« autrement. Mais comme je suis sûr que les
« dispositions de M. de Villèle sont parfaite-
« ment d'accord avec les faits dont je viens
« de vous rendre compte; comme je sais
« qu'il attend, même avec une certaine im-
« patience, la conclusion de la négociation
« que j'ai ouverte avec lui, veuillez rester
« réunis, et permettre que je vous quitte

« pour aller chez le président du conseil, à
« qui je dirai :

« Les défiances que vous avez inspirées
« exigent que vous vous engagiez, par écrit,
« avant toute réunion, à faire tout ce dont nous
« sommes convenus ensemble à la conférence
« du 17, dont voici le résumé. Signez au bas,
« afin de prouver que c'est franchement que
« vous acceptez les conditions de ce quasi-
« traité, et recevez ma parole d'honneur que
« votre signature vous sera rapportée d'ici à
« moins d'une heure, si je n'obtiens pas en
« retour un engagement formel et écrit d'en-
« trer avec vous dans la nouvelle adminis-
« tration.

« Soyez assuré qu'il signera, aurais-je
« ajouté aux amis de M. Laffitte. Attendez-moi :
« dans peu, je reviens porteur d'un engage-
« ment qui dissipera vos justes défiances et
« fixera vos irrésolutions. »

Effectivement, si les choses se fussent pas-
sées ainsi, nul doute que M. de Villèle ne se fût
engagé à faire tout ce qui avait été convenu
et réglé entre lui et moi.

Et pourquoi ne l'eût-il pas fait, puisqu'il désirait si fort cet arrangement, dans lequel il trouvait trois choses :

1re Toute sûreté et garantie pour la famille régnante ;

2° La paix publique ;

3° Son maintien à la tête de nos affaires ?

Mais M. Laffitte crut devoir donner une autre direction à la négociation qu'il avait entée sur la mienne....On a vu dans le monde politique, et je dirai dans la suite de cet écrit, quel fâcheux résultat elle eut sur cette grande affaire.

Je reviens à mon entretien avec lui, dont les explications dans lesquelles je viens d'entrer m'ont un peu écarté.

M. Laffitte continuant, me dit : « Au sur-« plus, il y a long-temps que j'ai reçu la pro-« curation du président d'Haïti, pour traiter « des affaires de cette république avec notre « pays. J'ai toujours négligé d'en entretenir « M. de Villèle. Eh bien ! j'irai le voir dès « demain pour ces mêmes affaires, et, en « même temps, je lui parlerai de ce que vous « avez fait avec lui.

« L'idée est bonne, lui répondis-je, por-
« tez avec vous le résumé de ma conférence
« et interpellez M. de Villèle sur son contenu.

« C'est ce que je me propose de faire, me
« répliqua M. Laffitte. Ainsi, revenez de-
« main ; je vous dirai ce que j'aurai fait, et
« comment j'aurai trouvé M. de Villèle. »

Sur cela je pris congé de lui et me retirai.

CHAPITRE SEPTIÈME.

SOMMAIRE.

Quatrième entretien avec M. Laffitte: — M. de Villèle lui confirme tout ce que j'avais dit et fait. — Grande faute commise par M. Laffitte, dans son entretien avec M. de Villèle.

Le lendemain, impatient de connaître le résultat de la visite que M. Laffitte avait dû faire à M. de Villèle, je me rendis chez lui avant dix heures, pensant bien que j'aurais à attendre qu'il fût de retour; mais je me trompais. Son zèle, un zèle louable l'avait conduit de très bonne heure chez le président du conseil: il était de retour.

« Eh bien! me dit-il en me voyant, j'ai vu
« notre homme.
« — Quoi! déjà?
« — Oui, j'y étais à 8 heures.
« — Et comment l'avez-vous trouvé?
« — Comme vous m'avez dit qu'il était.
« Je n'ai pas même eu besoin de lui montrer
« le résumé de votre conférence avec lui,
« parce que tout ce qu'il m'a dit est absolu-

« ment conforme à tout ce que vous avez
« rassemblé dans ce résumé.

« D'abord, j'ai commencé à lui parler de
« vous et de vos démarches auprès de lui.
« Alors il m'a répondu que *tout ce que vous*
« *m'aviez dit était vrai ; qu'il le confirmait ;*
« *qu'il était prêt à faire tout ce dont il était*
« *convenu avec vous ; qu'il voulait avoir tous*
« *ministres libéraux avec lui...* »

Une déclaration aussi manifeste des sentimens de M. de Villèle devait suffire à M. Laffitte, et il semble qu'il eût dû, satisfait de recevoir la confirmation de tout ce que j'avais fait et dit, se retirer chez lui, assembler ses amis et leur rendre compte de ce qu'il venait d'apprendre lui-même de la bouche du président du conseil.

Mais il était écrit qu'avec les intentions les plus pures, et un désir bien vif de voir réussir la négociation que j'avais entreprise, M. Laffitte ferait, à son insu, tout ce qui pouvait la faire échouer.

On a vu la faute qu'il avait commise à l'égard de ses amis. En voici une plus grave, peut-être, qui a signalé son entrevue avec M. de Villèle

« J'ai cru devoir, me dit-il, fixer l'atten-
« tion du ministre sur vous, lui faire re-
« marquer combien était grand le service
« que vous rendiez au pays et au gouverne-
« ment; que vous aviez, dans cette circon-
« stance, fait preuve d'une capacité peu
« commune, et qu'il se devait de ne pas vous
« oublier dans les arrangemens ministériels
« qui auraient lieu... *M. Flandin a d'autant
« plus de droits à votre bienveillance*, ai-je
« dit à M. de Villèle, *qu'il a agi seul, de son
« propre mouvement*, et *que je ne suis pour
rien dans tout ce qu'il a fait*...»

Ainsi, sans y être provoqué par M. de Villèle, sans motifs plausibles, si ce n'est la crainte de se compromettre (crainte qui, si elle eût existé, eût dû empêcher M. Laffitte de se mêler en rien de cette affaire), voilà M. Laffitte qui déchire et jette, pour ainsi dire, au nez du ministre, la lettre de crédit que je m'étais donnée auprès de lui, sans laquelle il ne m'eût pas reçu, il n'eût pas traité avec moi, et sans laquelle, encore, je n'eusse pas obtenu les grandes concessions que j'apportai au parti constitutionnel ; que personne avant moi n'avait osé stipuler avec aucun pouvoir, et que personne, depuis, n'a imposé au ministère *modérateur* qui a succédé à M. de Villèle.

Mais comment cette raison de M. Laffitte, que j'ai déjà invoquée et qui se montra si supérieure dans toutes les circonstances parlementaires où il s'est trouvé, l'a-t-elle abandonné pendant la visite qu'il a faite à M. de Villèle?

Comment ne l'a-t-elle pas averti du danger qu'il y avait, pour le succès de ma négociation, succès qu'il désirait si ardemment, ainsi qu'on a pu le voir, à me montrer comme un négociateur isolé, solitaire, qui n'avait son point d'appui que dans le vague de son imagination?

Comment cette raison, ordinairement si haute, ne lui a-t-elle pas dit qu'en me dépouillant du caractère de négociateur accrédité que, dans sa pensée, M. de Villèle m'avait prêté, il imprimait sur ce ministre, que bien certainement M Laffitte n'avait pas l'intention de blesser, d'humilier, le caractère d'une dupe, et le couvrait, aux yeux de ceux dont ma négociation et son succès inespéré devaient déjouer les complots, renverser tous les projets, d'un ridicule qui les vengerait de ce qu'ils nommaient déjà sa défection, de ce qu'ils nommeront bientôt, peut-être, sa trahison?

Si M. Laffitte eût été interpellé, par M. de Villèle, sur la question de savoir si j'avais agi en vertu d'un mandat, si j'étais véritablement l'organe avoué du parti constitutionnel, j'aurais conçu sa réponse négative: la conscience de l'homme de bien, moins élastique que celle de l'homme d'état, que celle du diplomate, m'eût expliqué cette réponse.

Mais que, sans y être forcé par une semblable interpellation, M. Laffitte ait cru devoir m'isoler de ceux qui, dans l'idée de M. de Villèle, me fortifiaient de leur influence... voilà ce qui est inexplicable, ou ce qui ne pourrait être expliqué que par une résolution, arrêtée d'avance, bien prise et annoncée à ce ministre, de se mettre en mon lieu et place auprès de lui, de reprendre les choses au point où je les avais amenées, et de se charger de les conduire à leur fin.

Mais, alors, il eût fallu que M. Laffitte eût eu le mot de ses amis, et que ce mot eût autorisé, aidé une pareille résolution.

Or on a vu que l'influence de M. Laffitte sur ses amis, ou sur ses co-votans, n'avait pu produire un pareil résultat.

Restaient donc les faits, qu'il fallait, ainsi que je l'ai dit plus haut, faire parler, et qui, seuls, en eussent plus dit, plus fait que tous les rêves de l'imagination patriotique de M. Laffitte, que toutes les utopies qu'il avait présentées, en les substituant aux faits dont je lui avais rendu compte.

Je fus profondément affligé de cette nouvelle faute qui devait, nécessairement, jeter de la défaveur sur mes démarches.

La première que M. Laffitte avait commise fut grave, sans doute, puisqu'elle détermina des refus que mon admission aux conférences de ses amis, et la communication des pièces qui établissaient les faits, eussent, peut-être, prévenus et remplacés par une adhésion fondée sur un engagement positif de M. de Villèle.

Mais celle-ci tirait bien autrement à conséquence : elle m'isolait tout-à-fait des organes du parti au nom duquel j'avais traité avec ce ministre ; elle lui apprenait qu'il s'était fourvoyé en m'accueillant, en s'ouvrant à moi, et qu'au lieu d'avoir traité avec une majorité qui lui était devenue nécessaire, il n'avait négocié qu'avec un homme, avec un homme dont on croyait devoir louer les démarches, mais dont on ne confirmait pas les engagemens, bien que les conditions auxquelles il les avait pris continssent tout ce que le parti constitutionnel, tout ce que la France pouvaient désirer.

Je n'eus pas la force de remercier M. Laffitte des choses obligeantes qu'il m'annonçait avoir dites de moi à M. de Villèle et de ses bienveillantes recommandations, ni de me plaindre du discrédit dans lequel il venait de me placer vis-à-vis de ce ministre.

Il me dit, comme à son ordinaire, qu'il conférerait avec ses amis, et que, si je voulais venir le voir le lendemain, il m'informerait de ce qui aurait été résolu entre eux.

Je le quittai l'ame navrée et bien convaincu que je m'étais trompé, lorsque j'avais pensé que les plus grandes difficultés de ma négociation me viendraient de M. de Villèle.

On se souvient que je m'étais proposé d'aller voir M. d'Acher, secrétaire de M. le dauphin, pour savoir si S. A. R. l'avait chargé de quelques ordres pour moi. Je me rendis donc chez lui, en sortant de chez M. Laffitte, et il me dit aussitôt qu'il me vit : « Mon-
« seigneur a gardé par-devers lui le résumé
« de votre conférence avec M. de Villèle.
« S. A. R. m'a chargé de vous prier de la te-
« nir exactement informée de tout ce que
« vous feriez concernant la négociation que
« vous avez entreprise. Monseigneur ne peut
« pas vous dire qu'il approuve vos démar-
« ches ; mais ce qu'il m'ordonne de vous
« annoncer explique suffisamment ses dis-
« positions à votre égard.

« — Le prince sera satisfait, répondis-je à
« M. d'Acher. Je ne ferai rien sans l'en infor-
« mer. Je n'écrirai rien sur toute cette affaire,
« sans lui en envoyer le double. Il est juste

« et convenable que l'héritier du trône soit
« instruit de tout ce qui se traite, lorsqu'il
« s'agit d'aussi grands intérêts. »

Sur cela, je me retirai, et je fis par la suite ce que je venais de promettre, ainsi qu'on le verra.

CHAPITRE HUITIÈME.

CHAPTER FOUR

SOMMAIRE.

Cinquième entretien avec M. Laffitte. — Proposition qu'il me charge de faire à M. de Villèle. — Je me rends chez ce ministre. — Grande réunion qui me force à l'informer par écrit du motif de ma visite. — Étrange contradiction de M. Laffitte.

Cependant, le lendemain, 21 décembre, je me rendis au nouveau rendez-vous que M. Laffitte m'avait donné. En me voyant, il me dit :

« Il y a peu d'espoir de faire entendre rai-
« son à nos gens ; ils ne veulent se prêter à
« aucun arrangement. Je ne vois qu'un
« moyen de les forcer à se prononcer, et peut-
« être, de les ramener à la raison : c'est de
« faire agir M. de Villèle lui-même.

« Puisque vous pouvez le voir facilement,
« je vous engage à aller le trouver et à lui
« dire qu'il faut qu'il confirme lui-même les
« ouvertures que vous avez faites. Il connaît
« bien les individus qu'il convient d'appeler
« à faire partie de la nouvelle administra-

« tion. Ceux dont vous lui avez présenté les
« noms sont dans ce cas. Il faut qu'il les con-
« voque et qu'il s'explique franchement avec
« eux. Dites-lui que, s'il veut faire cette dé-
« marche, je réponds du succès. »

Ici, j'interrompis M. Laffitte, pour lui faire remarquer que les mêmes raisons qui avaient empêché ses amis de s'expliquer, ou, du moins, d'accepter les propositions que j'avais faites, ces raisons, ou d'autres semblables, s'opposaient à ce que M. de Villèle fît la démarche qu'il lui conseillait ;

Que ce ministre devait craindre à son tour de se commettre et de s'exposer à une déception ;

Que dans l'état d'éloignement et d'irritation où les parties étaient réciproquement, il fallait que les voies à une négociation définitive fussent ouvertes et préparées par un tiers.

« Votre observation est juste, me répondit M. Laffitte. « Eh bien ! dites à M. de
« Villèle, que s'il répugne à faire cette dé-
« marche, je la ferai pour lui. Demandez-
« lui rendez-vous, pour que nous conve-

« nions de tout ce qui devra être fait. Alors,
« je me chargerai de faire, en son nom et de
« sa part, toutes les ouvertures ; et, les cho-
« ses marchant ainsi, je crois pouvoir égale-
« ment lui garantir le succès. Faites-moi sa-
« voir, dans la journée, ce que vous aura
« dit M. de Villèle..... »

Cela convenu, je quittai M. Laffitte et me rendis, sans perdre de temps, chez M. de Villèle. Je trouvai son salon rempli de préfets et de députés qui attendaient audience. N'ayant pas de lettre de rendez-vous, et ne voulant pas brusquer une introduction dans un pareil moment, je résolus d'informer le ministre, par écrit, du motif qui m'amenait. Je rédigeai donc et lui fis remettre la note suivante :

« Paris, le 21 décembre 1828.

« Monsieur le comte,

« Ainsi que j'ai eu l'honneur de vous l'an-
« noncer hier, j'ai vu M. Laffitte ce matin.
« Il a conféré avec plusieurs de ses amis sur

« l'objet de la négociation que j'ai entamée
« avec votre excellence.

« L'assurance qu'il a pu leur donner
« (d'après le compte que je lui ai rendu de
« la conférence du 17) des dispositions
« de votre excellence, pour la formation
« d'une nouvelle administration qui serait
« purement constitutionnelle; cette assu-
« rance a calmé toute intention hostile. On
« ne s'est pas montré éloigné d'un rapproche-
« ment fait aux conditions rappelées dans
« le résumé de cette conférence (1). Mais
« on se refuse à accueillir des ouvertures
« faites par une tierce - personne, à moins
« que cette personne ne pût se dire chargée
« par votre excellence de traiter cette gran-
« de affaire.

« M. Laffitte, en m'autorisant à dire tout

---

(1) On remarquera que je dis à M. de Villèle le contraire de ce que M. Laffitte avait fait... Il le fallait...
Si j'eusse dit la vérité, c'est-à-dire la faute que
M. Laffitte avait commise à l'égard de ses amis, toute
négociation eût paru inutile. Or je voulais que celle
que j'avais entamée reçût tout son développement.

« cela à votre excellence, ajoute, d'après
« l'entretien qu'il a eu hier avec ses amis, que
« votre excellence peut, en toute sûreté,
« faire, dès à présent, ou faire faire aux mem-
« bres de l'opposition constitutionnelle dans
« les deux chambres, qu'elle connaît comme
« capables d'être appelés à partager avec elle
« la direction de nos affaires publiques, des
« ouvertures pour la formation de la nou-
« velle administration. Il ajoute encore que,
« si votre excellence le désire, il se chargera
« de faire de sa part ces ouvertures, soit aux
« hommes qu'elle lui désignera, soit à ceux
« qu'il jugerait lui-même réunir le double
« avantage de plaire à l'opinion constitu-
« tionnelle et de n'être pas désagréables au
« roi.

« M. Laffitte ne doute nullement, monsieur
« le comte, du succès de pareilles démarches.
« J'ajoute que, vu les dispositions concilia-
« trices de M. Laffitte et vu son influence
« bien connue, il serait prudent et conve-
« nable de mettre ses offres de service à pro-
« fit.

« Il n'y a donc plus, monsieur le comte,

« qu'à aborder franchement la question : en
« deux fois vingt-quatre heures on peut se
« mettre d'accord, et la nouvelle administra-
« tion pourrait entrer en exercice le premier
« janvier.

« Ce serait donner à la France et au roi de
« bien belles étrennes, puisque cette nou-
« velle administration serait un gage pour le
« maintien de la paix publique, en même
« temps qu'elle serait une garantie pour tous
« les intérêts.

« Pour moi, monsieur le comte, en cédant
« à un homme comme M. Laffitte le soin de
« conduire à bonne fin cette négociation, je
« m'estimerai heureux d'avoir provoqué et
« peut-être facilité ce grand, cet important
« résultat.

« Je suis, etc. »

Je joignis une demande d'audience à cette note, dont j'envoyai de suite un double à M. Laffitte, que je fus voir le lendemain.

Il avait lu ma note : on a vu qu'elle ne contenait, bien rigoureusement, que ce qu'il m'avait autorisé à dire. Il faut croire qu'il avait entretenu ses amis la veille, qu'il avait reconnu que leurs dispositions devenaient, de plus en plus, défavorables à la négociation entamée, et qu'elles démentaient la mission qui est expliquée dans la note qui précède; il faut le croire, car je lui trouvai l'humeur sombre.

« J'ai lu la note que vous avez remise hier
« à M. de Villèle. Vous êtes allé trop loin
« dans cette note. Je ne crois pas vous avoir
« dit *que j'étais sûr du succès*, si M. de Villèle
« voulait faire ce que je vous ai dit de lui con-
« seiller.... J'ai pu, sur ce point, émettre une
« opinion, mais non donner une assurance...
« Au surplus, on ne veut absolument pas en-
« tendre parler de lui. On a tort, sans doute;
« je ne changerai pas d'opinion sur ce point.
« Mais c'est comme cela que l'on est disposé,
« et je crois qu'il est inutile que vous conti-
« nuiez vos démarches, et que ce qu'il y a de
« mieux à faire, c'est de laisser aller les choses.»

Ce changement si subit, si étrange, dans les dispositions de M. Laffitte, m'affligea sans m'étonner. Je me bornai à soutenir que je n'avais fait, dans ma note, que répéter ses paroles de la veille; et j'ajoutai que j'allais réfléchir sur ce qui me restait à faire; que j'irais, toutefois, dans la journée, chercher la réponse de M. de Villèle à la note que je lui avais remise.

Sur cela, je me retirai.

CHAPITRE NEUVIÈME.

SOMMAIRE.

Lettre importante écrite a M. Laffitte. — Autre à M. de Villele. Je me rends chez ce ministre. — Entretien avec lui. — J'écris à M. le dauphin. — Au roi. — Sixième entretien avec M Laffitte.

Rentré chez moi, piqué de l'espèce de démenti que M. Laffitte m'avait donné, autant qu'affligé de la tournure que prenait ma négociation, et de l'obstination que mettaient à la repousser les hommes qui eussent dû s'empresser de l'accueillir, je lui écrivis la lettre ci-après :

« Paris, 23 décembre 1827.

« Monsieur,

« La seconde fois que j'ai eu l'honneur
« de vous entretenir des démarches que j'ai
« faites auprès de M. le président du conseil
« des ministres, vous m'avez dit : *Savez-vous*
« *que vous nous faites beaucoup de mal avec*

« *votre négociation?* Entendant, sans doute, « que, par mes démarches, je contrariais la « résolution prise de renverser ce ministre.

« D'un autre côté, vous avez conféré avec « M. le comte de Villèle avant-hier, et ce « que vous avez bien voulu me dire de « votre entretien avec lui, me prouve que ce « n'est pas sur les moyens de le renverser.

« Enfin hier, monsieur, bien que je n'eusse « fait, dans la note que j'ai remise le 21 à « M. de Villèle, que répéter ce que vous m'a- « viez, le matin de ce jour, chargé de lui « dire, savoir, qu'il fallait qu'il fît directement « des ouvertures pour former la nouvelle « administration constitutionnelle; que vous « vous chargeriez vous-même, s'il le désirait, « de les faire aux individus dont vous con- « viendriez ;

« Que la chose se faisant, de l'une ou l'au- « tre manière, je pouvais lui dire que vous « comptiez sur le succès;

« Bien que je n'eusse fait, dis-je, que répé- « ter vos paroles, vous m'avez accueilli, hier, « par ces mots qui sentent le reproche : *Mais,* « *M. Flandin , vous êtes allé beaucoup trop*

« *loin dans votre note.... On ne veut pas ab-*
« *solument de M. de Villèle; il est inutile de*
« *continuer vos démarches. Ce qu'il y a de*
« *mieux à faire, c'est de laisser aller les cho-*
« *ses d'elles-mêmes....* Mouvement d'humeur
« qui ne vous a pas empêché de me répéter
« que *vous pensiez toujours avec moi que l'on*
« *avait tort; qu'un arrangement était préfé-*
« *rable aux mesures violentes.*

« Tel est et a été, monsieur, l'état des cho-
« ses entre nous; tels ont été et le sens et la
« nature de mes rapports avec vous touchant
« l'affaire importante qui nous occupe.

« Si j'eusse reçu un mandat pour agir, vos
« conseils de ne plus continuer mes démar-
« ches seraient pour moi des ordres, et je
« cesserais, effectivement, de donner des
« soins à cette affaire.

« Mais vous savez bien, monsieur, que j'ai
« agi *proprio motu*, et sans mandat aucun,
« ainsi que vous avez cru, je ne sais par quel
« sentiment de délicatesse ou de prudence,
« devoir vous hâter de le déclarer à M. de
« Villèle, à qui je n'avais jamais dit que je
« fusse porteur d'un mandat quelconque.

« D'après cela, je dois vous prévenir que
« je continue mes démarches, et que je me
« propose de voir demain M. le président du
« conseil, pour ramener sérieusement son at-
« tention sur l'état des choses, sur la dispo-
« sition réelle et toujours plus défavorable
« des esprits. Je ferai plus : après avoir, com-
« me je l'ai déjà fait, informé S. A. R. M. le
« dauphin de mes démarches et de leur ré-
« sultat et en avoir reçu des remercîmens,
« j'irai jusqu'au roi, si je le peux ; car il
« faut que l'état de crise et d'incertitude
« dans lequel nous sommes cesse au plus
« vite.

« Si la question était pour moi, comme
« elle paraît l'être pour les opposans, dans
« le maintien au pouvoir ou dans le renver-
« sement de M. de Villèle, je la croirais in-
« digne d'un homme de bien et j'y resterais
« totalement indifférent.

« Mais je vois les choses de plus haut ; je
« vois un système politique tout entier dans
« ce que j'ai entrepris, et non pas un hom-
« me ; je vois les dangers de la patrie, ceux
« du trône, et non les haines, et non les dé-

« plaisirs des partis, ou des ambitieux de ces
« partis.

« Nos institutions, déjà mutilées, sont
« menacées d'une destruction totale : ce sont
« elles que je vois, ce sont elles qu'il faut
« guérir, défendre, conserver.

« Que m'importe, que doit importer aux
« hommes sages que M. de Villèle reste au
« ministère, si telle est la volonté du roi, si
« le roi consent à placer, à côté de ce mi-
« nistre, des hommes qui soient sincèrement
« amis de nos institutions ; si ce ministre
« prend l'engagement de faire pour elles,
« pour la paix publique, tout ce que je lui ai
« imposé, dans la conférence du 17, comme
« la condition *sine quâ* d'un arrangement, et
« tout ce à quoi il m'a déclaré consentir, et
« dont je vous ai informé?

« Telle est, monsieur, toute ma pensée.
« Tels sont les sentimens qui me guident, et
« que vous m'avez déclaré, que vous m'avez
« dit avoir déclaré à M. de Villèle être entiè-
« rement les vôtres.

« Dans la crainte d'être indiscret, mon-
« sieur, ou de vous fatiguer, je ne me pré-

« senterai pas demain chez vous pour con-
« férer sur cette affaire, et sur l'opportunité
« de mes nouvelles démarches, à moins que
« d'ici là vous ne m'exprimiez le désir de
« m'entretenir.

« Les choses obligeantes que vous avez
« bien voulu dire de moi à M. de Villèle, et
« que vous avez eu l'extrême complaisance
« de me répéter; votre profession de foi à
« l'égard de tout ce que j'ai entrepris; votre
« blâme de l'obstination avec laquelle vos
« amis repoussent l'accommodement que j'ai
« préparé; tout cela me prouve que mes dé-
« marches ne vous sont pas personnellement
« désagréables; et cette adhésion implicite
« que vous leur donnez, suffirait pour en-
« tretenir, pour fortifier ma résolution, si
« je ne trouvais pas dans mon caractère la
« force nécessaire à l'accomplissement de
« mon dessein.

« J'ai l'honneur, etc. »

M. de Villèle ne m'ayant pas envoyé l'audience que je lui avais demandée par ma

note de la veille, je lui écrivis le même jour :

« Paris, le 23 décembre 1827.

« Monsieur le comte,

« Je m'attendais à recevoir hier soir une « lettre d'audience.

« Je l'attendrai encore aujourd'hui; mais, « si je ne la recevais pas, usant de la permis- « sion que votre excellence m'a donnée, je « me rendrais demain dans ses appartemens, « car j'ai, pour elle, pour les intérêts publics, « le plus pressant besoin de l'entretenir.

« Le caractère purement officieux, tout « de zèle et de dévouement avec lequel j'agis, « me semble plus recommandable que ne le « serait, peut-être, celui d'un mandataire; ca- « ractère que je n'ai pas, dont je n'ai jamais « dit que je fusse revêtu, que je dédaigne « enfin.

« Je vous prie donc, monsieur le comte, « si vous ne m'envoyez pas cette lettre d'au- « dience, de donner vos ordres pour que l'on « m'annonce à votre excellence aussitôt que « je me présenterai.

« Je suis, etc. »

Et, sans attendre la réponse, je me rendis le lendemain de bonne heure chez le ministre, qui me reçut dès que l'on m'eut annoncé.

Une espèce d'apostrophe, à laquelle je devais m'attendre, d'après la précaution inexplicable que M. Laffitte avait prise de déclarer au ministre *que j'avais agi seul et sans mandat*, ouvrit l'entretien.

« Eh bien ! monsieur, me dit M. de Villèle,
« vous n'étiez pas autorisé ?

« — Je ne vous ai jamais dit que je le fusse,
« me hâtai-je de répondre. J'avais apprécié
« l'état des choses, connu le mal, aperçu le
« remède ; de là mes notes à votre excellence :
« elles sont mon ouvrage, et n'appartiennent
« qu'à moi.

« Dans une affaire qui devait renverser
« tout l'ordre de choses établi, j'appréhendais
« de votre part une grande opposition à faire
« ce qui seul pouvait tout concilier.

« J'ai donc voulu, avant que d'informer
« qui que ce fût de mon projet, avant de
« rendre compte de mes démarches, savoir
« si je réussirais auprès de vous.

« Votre raison, votre prudence, ont ac-
« cueilli mes propositions. Vous m'avez ac-
« cordé tout ce que le pays, et les hommes
« qui représentent la véritable opinion pu-
« blique en France, demandent au gouverne-
« ment.

« Fort de ce succès, j'en ai référé à ceux
« qu'il devait intéresser, et que je devais
« croire disposés à avouer mes démarches,
« et à se saisir, dans l'intérêt du pays et du
« trône, de tout ce que j'avais fait pour ar-
« river à une prompte conciliation, et à la
« conclusion du traité que j'avais préparé
« avec votre excellence.

« C'est ainsi que, croyant m'adresser à
« l'homme qui exerçait une plus grande in-
« fluence sur le parti constitutionnel, j'en ai
« d'abord référé à M. Laffitte; et c'est par
« suite de mes communications qu'il est
« venu se concerter avec vous.

« — Oh! oui, j'ai vu M. Laffitte; nous
« sommes parfaitement d'accord ensemble.

« —Ainsi, répliquai-je, je peux lui laisser
« le soin de finir ce que j'ai commencé ?

« — Nous sommes, vous dis-je, parfaite-
« ment d'accord, M. Laffitte et moi. »

Là finit mon entretien avec M. de Villèle.

On voit qu'il fut court. L'étrange confidence de M. Laffitte en avait fait tous les frais. Je sentis qu'il devait être le dernier; que je devais renoncer à suivre en personne, auprès de M. de Villèle, une négociation désormais discréditée; mais je n'en continuai pas moins mes démarches, du résultat desquelles j'informai exactement le président du conseil.

Cependant, les choses ne marchaient pas; on ne prenait, de part ni d'autre, aucun parti : l'irritation seule faisait des progrès.

Je crus devoir écrire la lettre suivante à M. le dauphin :

« Paris, le 24 décembre 1827.

« Prince,

« On s'endort dans une trompeuse sécu-
« rité.

« M. le président du conseil ne fait rien
« pour conjurer l'orage qui obscurcit cha-
« que jour davantage notre horizon politi-
« que; ou plutôt, il ne prépare que des me-
« sures qui ne seront pas conciliatrices. Il
« ne voit pas le danger où il est, ni tel qu'il
« est, parce qu'il est mal placé, placé trop
« haut pour l'apercevoir.

« Je voudrais pouvoir entretenir le roi,
« dire à sa majesté, en présence de M. le
« président du conseil, le véritable état des
« choses, et ce qu'il me semble urgent de faire
« pour éviter de grands malheurs.

« Voici ma demande d'une audience. Votre
« altesse royale, prince, veut-elle bien lui
« prêter l'appui, la force que mon infériorité
« relative ne peut lui donner ?

« Votre altesse royale sait quels puis-
« sans motifs me font agir.

« Je suis, etc. »

Ma demande d'une audience au roi était
ainsi conçue :

« Sire,

« Les plus grands services rendus à la pa-

« trie, ne sont pas toujours l'œuvre de ceux
« qui'ont reçu d'elle la mission de la proté-
« ger contre l'arbitraire du pouvoir, contre
« les erreurs ou la faiblesse de l'administra-
« tion.

« J'éprouve le besoin le plus pressant, dans
« les intérêts du trône et de la paix publique,
« d'avoir une audience de votre majesté.

« J'ose la lui demander, en formant le vœu
« que ce soit en présence de M. le président
« du conseil des ministres.

« Je suis, etc. »

Le lendemain 25, je fus rendre compte à M. Laffitte de ce que M. de Villèle m'avait dit la veille, et je le félicitai de ce qu'*il s'était mis d'accord avec lui.*

« Oui, dit-il, il est bien disposé, il est tout
« prêt, ainsi que je vous l'ai déjà dit, à faire
« tout ce dont vous êtes convenu avec lui.

« Mais cela ne nous menera à rien.

« La difficulté est ailleurs que dans la rue
« de Rivoli, ou même aux Tuileries... Je vois
« clairement que l'on ne veut pas entendre
« parler de M. de Villèle, et qu'il faut renon-

« cer à former une administration constitu-
« tionnelle dans laquelle il resterait. Ainsi,
« je vous le répète, M. Flandin, ce qu'il y a
« de mieux à faire, c'est de renoncer à une
« négociation qui ne peut pas réussir, et de
« laisser aller les choses. »

M. Laffitte avait raison. Tout annonçait que c'était une résolution prise par les hommes les plus influens du parti constitutionnel de n'entendre à aucun arrangement avec M. de Villèle. Leur grande raison, leur argument, qu'ils croyaient sans réplique, c'était que l'on ne pouvait pas se fier à lui; et, en effet, les précédens étaient là pour justifier une méfiance que M. Laffitte eût pu dissiper dans le principe, du moins en ce qui touchait à la négociation entamée, en faisant, comme je l'ai déjà dit, parler les faits; mais que ses réserves, ses précautions, ses réticences, hors de propos dans une circonstance où il eût fallu jouer cartes sur table, avaient, au contraire, entretenue, augmentée.

Toutefois, je répondis à M. Laffitte: «Vous
« pouvez, monsieur, avoir raison. Je vois

« qu'effectivement les choses ne prennent
« pas une tournure favorable au succès de
« ma négociation. La faute en est à d'autres
« qu'à moi. Je viens d'en instruire M. le dau-
« phin qui, vous le savez, m'a fait prier de
« l'informer de tout ce que je ferais dans la
« grave circonstance qui m'occupe.

« Puissent les conséquences des refus que
« l'on oppose à des propositions honorables
« qui renferment tout ce que le pays désire,
« ne pas faire regretter, plus tard, et lorsqu'il
« ne sera plus temps d'y revenir, de s'être
« montré aussi rigoureux, aussi absolu dans
« les résolutions que vous m'annoncez.

« Toutefois, comme je n'ai pris conseil de
« personne pour commencer à agir; comme
« j'ai, seul, entrepris ce que personne, peut-
« être, n'eût osé entreprendre; comme j'ai,
« seul, enfin, vaincu, par mes rapports avec
« le président du conseil, des difficultés que
« tout le monde aurait jugées insurmonta-
« bles, trouvez bon, monsieur, que je con-
« tinue l'œuvre commencée.

« Avez-vous parlé de tout ce qui s'est fait
« à M. Royer-Collard?

« — Non. Je me proposais de l'aller voir;
« mais il demeure si loin...

« Eh bien! j'irai le voir; j'irai aussi chez
« M. Périer. J'informerai M. de Villèle, M. le
« dauphin, le roi même, monsieur, des dis-
« positions dans lesquelles je les aurai trou-
« vés... Enfin, je vais continuer mes démar-
« ches, jusqu'à ce que je réussisse dans mon
« projet, tel que vous le connaissez, ou jus-
« qu'à ce que j'aie perdu tout espoir de
« réussir. »

Là-dessus, je quittai M. Laffitte et me
rendis chez M. Périer.

CHAPITRE DIXIÈME.

SOMMAIRE.

Mon entretien avec M. Casimir-Périer.

Introduit chez M. Périer, je l'abordai ainsi :
« Monsieur, je vous crois trop homme de
« sens et d'esprit pour n'être pas convaincu,
« comme je le suis moi-même, que l'on peut,
« sans être dans une haute position sociale,
« s'occuper utilement des intérêts publics et
« des affaires du pays : ce que j'ai à vous
« confier en est peut-être la preuve.

« Ces affaires, ces intérêts ont obtenu mes
« soins depuis un mois. M. Laffitte sait tout
« ce que j'ai fait, peut-être vous en a-t-il en-
« tretenu. Dans tous les cas, je viens, plein
« de confiance dans votre patriotisme, et de
« respect pour votre beau caractère, vous en
« informer.

Après cet exorde nécessaire, je rendis compte très en détail à M. Périer de tout ce que j'avais fait, sans oublier la visite de M. Laffitte à M. de Villèle, et la confirmation qu'il en avait reçue de tout ce que j'avais arrêté avec lui.

M. Périer témoigna le plus grand étonnement. — « M. Laffitte m'a bien parlé, me
« dit-il, de quelque tentative d'un rappro-
« chement, mais j'étais loin de penser que
« les choses eussent été poussées aussi loin
« et aussi directement. Je vous avoue qu'il
« faut tout ce que vous me dites et tout ce
« que vous me montrez (1), pour que je croie
« à un pareil résultat.

« Comment avez-vous fait pour amener
« M. de Villèle à des concessions pareilles, et
« qui sont si opposées à la conduite qu'il a
« tenue jusqu'à présent?

« Comment a-t-il consenti à vous enten-
« dre, vous, pardonnez-moi la remarque,
« sans mission et sans caractère politique,
« sur une question aussi importante et aussi
« délicate, et à traiter avec vous d'intérêts
« aussi grands?

« — La raison, la nécessité, la gravité des
« circonstances, beaucoup de zèle, un peu
« d'adresse, ont tout fait, lui répondis-je.
« Vous voyez que M. de Villèle est tout prêt;

---

(1) Mes notes à M. le comte de Villèle, le résumé de ma conférence du 17 décembre.

« il attend que je lui annonce que l'on ac-
« cepte les conditions faites, que l'on con-
« sent à former avec lui la nouvelle adminis-
« tration.

« Remarquez que c'est toujours au nom
« du roi qu'il m'a parlé,

« Vous connaissez sa position : haï, tour-
« menté par le parti La Bourdonnaye; dé-
« bordé par la faction jésuitique; ayant con-
« tre lui une partie de la cour; ne pouvant
« pas marcher avec la chambre qui arrive,
« s'il ne forme bien vite une administration
« constitutionnelle; s'il n'oppose, aux irrup-
« tions, aux envahissemens du parti-prêtre
« et de la vieille aristocratie, une digue qu'ils ne
« puissent plus franchir ni renverser; placé
« dans cette position, il a eu le bon esprit de ne
« pas s'offenser des vérités dures que je lui ai
« dites dans mes notes; d'entendre les conseils
« que je lui ai donnés; de se décider à se placer,
« à placer le trône et lui au milieu de la force
« que l'opinion publique, qu'il a pu mépri-
« ser, mais qu'il connaît enfin, amène à la
« législature.

« Ne laissons pas échapper, monsieur,

« cette occasion, que j'offre au parti consti-
« tutionnel, de se saisir du gouvernement;
« rendons, en acceptant des propositions
« conciliatrices, honorables pour tous, la
« paix au pays, la sécurité au trône; à tous
« les intérêts constitutionnels, les garanties
« qu'ils réclament en vain depuis si long-
« temps.

« Enfin, soyons, en 1827, plus prudens,
« mieux avisés que nous ne le fûmes en
« 1822 (1); ne laissons pas passer en des mains
« ennemies un pouvoir qui nous est offert à
« des conditions qui satisfont à tous les vœux,
« à tous les besoins de la France selon la
« Charte...»

M. Périer m'avait écouté avec beaucoup d'attention et sans m'interrompre.

Quand j'eus fini de parler, il me dit : « Si

---

(1) Lorsque l'on renversa le ministre Decazes, qu'il eût fallu conseiller, diriger, soutenir; car ce ministre, homme nouveau, de beaucoup de sens et d'esprit, ne pouvait pas être l'ennemi des intérêts nationaux; il ne l'était pas. Qui oserait dire le contraire ?

« les choses pouvaient se passer comme vous
« les présentez, si l'on pouvait compter sur
« la sincérité, sur la bonne foi de M. de Vil-
« lèle, sans doute, il serait sage, il serait pru-
« dent d'accepter les conditions de la négo-
« ciation que vous avez pris sur vous
« d'entamer avec lui. Mais comment, après
« tous les antécédens, se fier à lui? Son inté-
« rêt personnel lui impose aujourd'hui un
« arrangement et des concessions qu'il cesse-
« rait de respecter, aussitôt qu'il se croirait
« affermi au pouvoir prêt à lui échapper.

« —Vos préventions, monsieur, répliquai-
« je, ne vous montrent-elles pas les choses
« autrement qu'elles ne sont ou qu'elles peu-
« vent être? Je ne prétends pas justifier le
« passé: vous ne supposerez pas une pareille
« intention à celui qui a osé écrire et pré-
« senter à M. de Villèle les notes que je viens
« de mettre sous vos yeux, et dans lesquelles
« je ne lui ai épargné ni les reproches, ni les
« accusations. Mais je me confie au présent,
« si l'on a la prudence de le saisir; à l'ave-
« nir, si l'on veut se mettre en position de le
« dominer.

« Vous dites que M. de Villèle *cesse-*
« *rait de respecter des concessions faites à la*
« *nécessité* du moment et les conditions de
« l'arrangement proposé, *aussitôt qu'il se*
« *verrait affermi au pouvoir...*

« Mais quand bien même il en aurait l'es-
« poir aujourd'hui, et plus tard le désir, que
« pourrait-il dans un conseil composé de
« dix membres qui en compterait neuf pris
« sur les bancs de l'opposition constitution-
« nelle? Tous ses efforts ne viendraient-ils
« pas échouer contre la volonté collective et
« ferme de cette presque unanimité?

« Dans cette grave circonstance, où il s'a-
« git des plus grands, des plus chers intérêts
« de la France, repoussons, monsieur, les
« fantômes de notre imagination, pour nous
« attacher à la réalité.

« Connaissez mieux M. de Villèle et les
« hommes en général. Celui-ci, comme tous,
« veut du pouvoir, des honneurs, une grande
« influence. Eh bien! il retrouve tout cela,
« il conserve tout cela, en se plaçant au mi-
« lieu des intérêts constitutionnels ; il per-
« drait tout cela, en cherchant, plus tard,

« a attaquer ces intérêts, contre lesquels la
« faction qui s'en est déclarée l'ennemie est
« désormais impuissante. Il le perdra, infail-
« liblement, si l'arrangement que j'ai pré-
« paré avec lui ne se consomme pas, si l'on
« ne forme pas avec lui une administration
« purement constitutionnelle, laquelle ne
« peut être acoueillie par le roi qu'autant
« qu'elle lui sera présentée par le ministre
« qui a sa confiance, et que ce ministre en
« conservera la présidence.

« Car, comme les choses ne peuvent pas
« rester dans l'état où elles sont ; comme il
« faut un changement de ministère, vous ver-
« rez, si l'on n'accepte pas le traité que j'ai
« préparé, une administration pâle, sans
« doctrines fixes, en apparence inoffensive à
« tous les partis, succéder à l'administration
« actuelle, qui ne peut plus être maintenue
« en exercice, et prendre la place de celle
« que j'ai fait accepter par M. de Villèle, et
« dans laquelle il serait, je le répète, de la
« plus grande imprudence de se refuser à
« entrer.

« — Tout ce que vous me dites est juste et

« pourra bien se réaliser, me répondit M. Pé-
« rier; mais, outre que je n'ambitionne pas
« un ministère, et qu'ainsi je suis, sous
« ce rapport, totalement désintéressé dans
« la question, je pense qu'aucun de nous ne
« peut ni ne doit se prêter à un arrangement
« qui aurait pour résultat la formation d'une
« administration dans laquelle M. de Villèle
« resterait; et, pour mon compte, je n'y con-
« sentirais jamais. »

Tels furent et mon entretien avec M. Périer, et les réponses qu'il me fit.

Ce fut vainement que je leur opposai des
raisonnemens et des prévisions dont 1828
n'a que trop prouvé la justesse; ses résolutions me parurent inébranlables : je n'avais
pas trouvé son côté sensible.

Je me retirai donc, et fus faire une tentative auprès de M. Royer-Collard, que je ne
trouvai pas chez lui ce jour-là.

Comme je n'en étais pas connu, je lui
écrivis pour le prier de lire les pièces relatives à ma négociation que je joignis à ma
lettre, en le prévenant que je prendrais la
liberté de venir le voir le lendemain matin.

CHAPITRE ONZIÈME.

SOMMAIRE.

Mon entretien avec M. Royer-Collard. — Il refuse, ainsi qu'e l'avait fait M. Périer, son adhésion au quasi-traité que j'avais conclu avec M. le comte de Villèle. — Réflexions sur ce refus. — J'en rends compte à ce ministre; à M. le Dauphin; à M. Laffitte. — Lettre au roi. — Projet d'un manifeste envoyé à sa majesté; à M. le Dauphin; à M. de Villèle.

Je me rendis donc à neuf heures chez M. Royer-Collard. Il me reçut avec grace et politesse, et, prenant sur une table les papiers que je lui avais apportés la veille, il me dit en me les présentant :

« J'ai lu, monsieur, avec beaucoup d'in-
« térêt, tout ce que vous avez bien voulu me
« communiquer; mais avec l'intérêt de la
« seule curiosité..... et je voudrais bien que
« nous n'abordassions pas la question.

« —Cela est difficile, lui répondis-je, à
« moins que vous ne m'invitiez à me retirer;
« car je ne suis venu vous voir, monsieur,
« que pour l'aborder.

« — Ce n'est pas mon intention. » Et, en disant cela, M. Royer-Collard me présenta un fauteuil : je l'acceptai.

Nous nous assîmes.

La conversation commença, de ma part, à peu près de la même manière et dans les mêmes termes que j'avais employés avec M. Périer. Je lui dis et je dus nécessairement lui dire les mêmes choses, lui soumettre les mêmes considérations.

M. Royer-Collard y répondait toujours négativement, et m'interrompait souvent, pour me répéter qu'*il voudrait bien que nous n'abordassions pas la question;* à quoi je dus lui répondre : « Elle est tout abordée ; autant
« vaut l'épuiser... »; et je continuais mes objections, mes argumens, mes pressantes sollicitations d'accepter le traité politique que j'avais proposé, et qui rendrait la France heureuse, libre et forte, et le trône si tranquille...

Les réponses de M. Royer-Collard étaient, à peu près, les mêmes que celles que M. Périer m'avait faites la veille...; je devins pressant..., alors M. Royer-Collard me dit :

« Il y a dix mois, monsieur, nous eussions
« pu accepter l'arrangement que vous ve-
« nez nous proposer. Nous l'eussions facilité,
« désiré même. Mais depuis la dissolution
« de la garde nationale, la *loi d'amour* et
« autres méfaits ministériels, il n'y a plus au-
« cun rapprochement possible entre nous et
« M. de Villèle....

« —Vous ne me direz rien, monsieur, contre
« l'administration actuelle, que je ne ressente
« aussi vivement que vous, répondis-je à
« M. Royer-Collard. Mes notes ont dû vous
« dire, sur ce point, toute ma pensée.

« Mais veuillez bien remarquer qu'il ne
« s'agit pas de cette administration dans tout
« ce que je plaide, mais seulement de l'un
« de ses membres devenu, peut-être, néces-
« saire à la cause constitutionnelle, à la ré-
« paration du mal qui a été fait sous sa pré-
« sidence; car ce mal ne peut être réparé que
« par une nouvelle administration qui soit
« purement et franchement amie de nos in-
« stitutions.

« Or, vous le savez comme moi, monsieur,
« il est douteux qu'une pareille administra-

« tion, qui sera repoussée par la faction jé-
« suitique, dont l'influence est si grande en-
« core, puisse faire le bien, si elle n'est
« soutenue par le roi. Elle ne pourra l'être
« qu'autant qu'elle en aura la confiance en-
« tière, et elle obtiendrait difficilement cette
« confiance à un degré nécessaire, si M. de
« Villèle n'en faisait pas partie.

« Remarquez encore que M. de Villèle,
« en traitant avec moi, a toujours fait inter-
« venir le roi. C'est toujours au nom de sa
« majesté, et comme chargé par elle de for-
« mer une nouvelle administration, qu'il a
« accueilli mes propositions et la présenta-
« tion des individus que l'on peut appeler au
« conseil.

« Ainsi, il pourrait arriver que le roi vous
« fît appeler pour lever vos scrupules, et pour
« vous engager à accéder à l'arrangement
« proposé.

« — J'en serais fâché, me répondit M. Royer-
« Collard ; ma résolution n'en serait pas
« ébranlée; je serais forcé de faire à sa ma-
« jesté le même refus que je vous exprime ici,
« si la condition était d'entrer dans la nou-

« velle administration à côté de M. de Villèle.

« — Enfin, monsieur, faites attention que « M. de Villèle a le budget de 1828; qu'il « peut se passer des chambres jusqu'au mois « d'octobre, et que si, obligé d'ouvrir la ses- « sion avant cette époque, il rencontrait « dans la chambre élective trop d'opposition, « une opposition systématique à des mesu- « res qui n'auraient rien de contraire aux « intérêts du pays; une opposition, enfin, « qui ne s'attaquerait qu'à lui, il pourrait « tenter, encore une fois, la chance des élec- « tions...

« —Eh bien! monsieur, me dit M. Royer- « Collard, en m'interrompant, et avec une « espèce de solennité, nous reviendrions plus « forts, *et ce serait la fin....* »

Ces paroles, qui sentaient un peu l'hostilité, et que je fus étonné d'entendre sortir de la bouche de M. Royer-Collard, ces paroles me prouvèrent qu'il n'y avait plus aucun espoir de conclure avec les hommes réputés chefs du parti constitutionnel, l'accommodement que j'avais préparé le 17 décembre.

En conséquence, je pris congé de M. Royer-Collard, emportant avec moi cette triste conviction, que les passions politiques n'ont pas moins d'empire sur la raison de certains philosophes, que sur celle des hommes vulgaires.

Mais quelle est donc cette raison si puissante, qui a forcé certains hommes à refuser aussi obstinément d'entrer dans le conseil à côté de M. de Villèle?

C'est, dira-t-on, que la dernière administration a été trop coupable, et que les hommes, qui n'ont cessé d'en combattre les actes, de le signaler lui-même à l'animadversion publique, durent craindre, nonobstant sa conversion et les grandes concessions qu'il était disposé à faire à l'opinion publique, de se compromettre en consentant à partager avec lui la direction de nos affaires...

Son administration a été coupable, dites-vous... Et qui le nie? Est-ce moi qui ne l'ai abordé, dans la grave circonstance qui nous occupe, qu'en récapitulant, dans les communications écrites que je lui ai remises, tous les méfaits de l'administration qu'il présidait?

Oui, M. de Villèle a commis de grandes fautes. Allons plus loin; il s'est rendu coupable de délits politiques et administratifs; car il a violé la Charte, méconnu, foulé aux pieds nos droits constitutionnels; compromis, peut-être, la sûreté du trône, en l'isolant, par ses actes, de l'affection des Français, qu'il a blessés dans leur orgueil national, dans leur honneur même; en provoquant des mesures violentes contre les citoyens organisés, armés pour maintenir l'ordre et la paix dans la cité....

Qui nie tout cela?

Mais s'il a commis toutes ces fautes, s'il s'est rendu coupable de tous ces délits, il a fait prononcer la dissolution de la chambre qui avait décrété la septennalité, qui avait voté, avec toutes ses rigueurs primitives, la loi du sacrilége, appelé de ses vœux, soutenu de son vote la *loi d'amour*.... Cet acte seul suffirait pour l'absoudre; car il a mis un terme aux envahissemens de la faction jésuitique. Cet acte eût eu tous les résultats constitutionnels que la France attendait d'une aussi grande mesure, si une opposition systématique, haineuse, une opposition d'ambition, peut-être, n'eût pas repoussé ces résultats, en repoussant la transaction que, *proprio motu*, j'avais faite avec ce ministre.

Oui, la conduite de M. de Villèle, j'entends sa conduite politique et administrative, a été répréhensible, coupable même. Mais qui donc, parmi ceux qui se portent ses détracteurs, peut se flatter de n'avoir jamais commis aucune faute en politique? S'il en est qui le puissent, c'est qu'ils n'ont jamais eu le maniement du pouvoir; sans compter que parmi ceux qui l'accusent, il en est, peut-être, qui, s'ils faisaient un retour sincère sur eux-mêmes, auraient à rougir d'une grande trahison que l'histoire leur reprochera un jour, qu'elle leur reproche déjà (1). Mais, à l'égard de M. de Villèle, c'est en vain que l'on bé-

---

(1) Voir la relation de la campagne sous Paris, par M. Pons de l'Hérault.

gaierait contre lui le mot *trahison*; il n'a trahi ni la France ni le roi, dans le sens que le bon goût et l'Académie attachent à ce mot. Il a été faible, ambitieux, courtisan; il a caressé les faiblesses de la cour, au lieu de leur prêter l'appui de sa haute raison et de les diriger; il a protégé des passions qu'il eût dû dominer, réduire au silence, à l'inaction. Il n'a pas su reconnaître que la véritable ambition, celle que l'on aime à trouver dans un homme placé si haut, consistait, non pas à conserver son portefeuille aux dépens des intérêts sociaux; mais à forcer des résistances puisées dans l'arsenal des traditions de l'ancienne cour; à faire tout ce que les vœux et les besoins du pays réclament; à préparer la force, à assurer la dignité de la France au dehors; à entretenir le calme et la paix au dedans; à mettre en harmonie de sentimens, et la nation et le monarque.

Oui, encore une fois, oui, M. de Villèle est tombé dans de grandes erreurs en maniant le pouvoir; il a commis des fautes graves. Se tromper, c'est le propre de l'humanité : ***Errare humanum est.***

Mais lorsqu'il reconnaît ses erreurs, lorsqu'il cherche à les réparer, en protégeant de toute l'influence de sa position, les concessions que la France demande, en se faisant, auprès du prince, et à côté d'un ministère entièrement pris dans les rangs des constitutionnels, l'avocat, le protecteur des besoins et des vœux nationaux; lorsque tout cela avait lieu, n'y eut-il pas plus que de l'imprudence à repousser le bienfait, en haine de celui qui l'apportait? N'y eut-il pas de la démence à penser que l'on arracherait, par la seule influence du nombre, ou par la violence des discours, à un pouvoir que l'on attaquait dans l'homme de son affection, les concessions constitutionnelles que ce pouvoir était si bien disposé à accorder, mais contre lesquelles il croyait devoir chercher l'appui, la garantie d'un ministre qui avait toute sa confiance?

Voyez où nous a conduits cet entêtement, l'opinion imprudente que l'on a eue de ses forces parlementaires, et surtout l'espoir que l'on a fondé sur l'union intime de tous les hommes que les élections de 1827 ont envoyés à la chambre!

Où en sommes-nous? Qu'avons-nous obtenu? Une loi, ou plutôt un réglement sur la police des élections;

Un principe sur la presse, environné d'entraves qui le rendent presque illusoire;

Une ordonnance qui provoque des clameurs de convention, et qui laisse à peu près, sous tous les rapports, les choses et les hommes auxquels elle a semblé toucher, dans le même état où ils étaient avant sa publication;

Une disgrace de cour encourue par quatre mots latins (1).

Que l'on compare ces minces satisfactions à toutes celles que M. le comte de Villèle avait reconnu le besoin de donner à la France, et qu'il m'accorda, au nom du roi, comme le gage de sa conversion politique, comme le prix de la grande transaction que j'avais faite avec lui; que l'on compare les unes avec les autres, et que l'on prononce

---

(1) Etiam si omnes, ego non......

sur la grande question que mes révélations vont soumettre au jugement des hommes impartiaux.

Mais je rentre dans la question.

Je sais que les amis de M. Royer-Collard diront que le sens véritable de ses paroles, que j'ai rapportées, est celui-ci : « Si l'on dis-
« sout la chambre, si l'on fait encore un
« appel à l'opinion en tentant de nouvelles
« élections, au lieu de 180 constitutionnels
« que cette opinion a envoyés dans la cham-
« bre en 1827, elle en enverra 300. Alors,
« comme nous aurons à nous seuls une forte
« majorité, nous imposerons à la couronne
« un ministère de notre choix, pris parmi
« nous; et, par le seul fait de notre puis-
« sance parlementaire, nous exercerons la
« souveraineté, nous forcerons le pouvoir
« royal à faire ce que l'opinion constitution-
« nelle réclame. »

J'adopte ce sens qui serait donné aux paroles de M. Royer-Collard ; je crois que c'est le seul qu'elles puissent recevoir.

Mais ce sens même contient une menace.

Or n'a-t-on pas lieu de s'étonner qu'une

menace, et une menace de cette nature, ait échappé à la pénsée, soit sortie de la bouche d'un homme aussi grave, et qui est, avant tout, sans doute, ennemi de l'anarchie et de ce que l'on nomme la souveraineté, la tyrannie des nombres?

Si ce fut son désir de voir, enfin, triompher les doctrines constitutionnelles, qui fit voir à M. Royer-Collard, dans de nouvelles élections, un moyen assuré d'imposer ces doctrines à la couronne, de les faire respecter par ceux qui les combattent, pourquoi a-t-il repoussé celui plus convenable, plus efficace, peut-être (puisqu'il était indiqué, consenti, voulu par M. de Villèle, parlant AU NOM DU ROI), que je lui offrais comme conduisant au même résultat?

Comment un homme comme M. Royer-Collard, un philosophe, un sage, un ami, un *ancien* ami du monarque, a-t-il pu invoquer le secours d'une circonstance violente, qui ne pouvait ajouter à son influence parlementaire qu'au préjudice de celle de la couronne, au lieu de donner la préférence aux voies conciliatrices que je lui ouvrais, et qui nous eussent fait arriver si vite au but indiqué par les vœux de la France, savoir : le renversement du système politique déplorable qui pesait sur elle depuis si long-temps ; le triomphe de la Charte et de tous les principes, de toutes les conséquences qui en découlent ?

Y aurait-il eu dans la conduite de M. Royer-Collard autre chose encore que du patriotisme ? L'ambition, cette fille de la terre, que devraient méconnaître les hommes dont les pensées s'élèvent jusques aux régions de la plus haute philosophie; l'ambition se serait-elle placée à côté de ce beau sentiment, de ce sentiment qui, de nos jours et au temps dont je raconte l'histoire, n'a pu obtenir le sacrifice d'un peu de haine?

Je sais bien, également, que, dans la distribution des portefeuilles, je n'apportais à M. Royer-Collard que les fonctions, bien humbles, mais bien vénérables, de ministre de l'instruction publique et des cultes, et que l'orgueil, la vanité et l'ambition mettent une grande différence entre des attributions qui ne sont qu'utiles, et celles, par exemple, de la présidence du conseil, qui attirent à elles la plus grande somme d'influence ministérielle.

Enfin, je sais encore qu'il se dit dans le monde, depuis long-temps et tout bas, que M. Royer-Collard a, dans son portefeuille d'homme privé, une utopie de gouvernement, œuvre inédite de ses longues méditations, de ses profondes études, de ses observations judicieuses, de sa philanthropie, et de sa philosophie politique, et qu'il attend, dit-on encore, d'être devenu le chef du ministère, pour en faire hommage au roi et à la France...., ou plutôt pour l'imposer à notre obéissance, qui s'est toujours montrée tant soit peu moutonnière, lorsqu'il s'est agi de gouvernement.

Mais, en attendant que les circonstances se montrassent plus favorables à ce noble espoir, un sage comme est M. Royer-Collard ne pouvait-il se contenter du ministère qui plaçait sous sa direction les deux plus grandes influences sociales : le sacerdoce, qui, chez nous, a tant besoin d'en recevoir une qui soit conforme à nos institutions et aux libertés de notre église ; et toute la jeunesse de France, dont les destinées intellectuelles eussent ainsi été confiées à sa haute prudence, et à sa profonde sagesse, qui ne se montre jamais avec plus d'éclat que dans les matières qui traitent des facultés de l'homme et des devoirs qu'il a à remplir envers l'Être suprême et envers la société ?

Enfin, un homme qui est aussi éminemment ami de son pays et du roi, ne pouvait-il donc leur faire le sacrifice de son ambition spéculative, et accepter un accommodement qui le plaçait sur le premier plan du tableau de notre société politique; qui lui fournissait une si belle occasion d'être utile à l'un et à l'autre, et qui satisfaisait à tous les vœux et à tous les besoins de la France et du trône ?

Je livre ces réflexions à mes lecteurs, et je reprends le cours de ma narration.

Si j'eusse obtenu de MM. Royer-Collard et Périer, comme je l'avais si facilement obtenu de l'honorable M. Laffitte, ce que la raison et un patriotisme réel et bien entendu leur commandaient d'accorder à mes instances patriotiques, savoir, leur adhésion au traité si beau, si avantageux, si rempli d'espérances que j'avais conclu, le 17 décembre, avec M. de Villèle; si ma démarche auprès de ces messieurs eût eu ce succès, je serais allé aussitôt soumettre ma négociation à M. le comte Daru, que, sur ma proposition formelle, M. le comte de Villèle avait accueilli avec beaucoup d'empressement pour le ministère de l'administration de la guerre, rétabli par l'organisation ministérielle que j'avais proposée et fait agréer.

Un esprit aussi profond, un aussi beau caractère, un homme d'état aussi consommé aurait apprécié tous les avantages que le pays trouvait dans la composition du nouveau conseil, et dans les conditions auxquelles ses membres acceptaient la confiance du monarque et l'administration de nos affaires. Il se fût, j'ose le croire, empressé d'accéder à un arrangement qu'appelaient les vœux de la France constitutionnelle, et qui se fût trouvé protégé par trois noms qu'alors j'aurais pu nommer classiques dans l'ordre constitutionnel.

Mais le refus des deux premiers, le refus malheureux de MM. Royer-Collard et Périer a retenu mon zèle.

Ancien collaborateur de cet ancien ministre, j'ai pu apprécier la dignité de son caractère, la réserve qu'il apporte toujours dans les actes de sa vie politique; et cette expérience me défendit de hasarder une démarche qui eût été sans résultat, privée, comme elle l'était désormais, de l'appui que je lui avais cherché.

Les mêmes considérations m'empêchèrent d'aller chez aucun des autres individus que j'avais désignés à M. de Villèle comme devant entrer dans la nouvelle administration, et entre autres chez MM. le comte de Laferronnays, Mollien, Roy, Sébastiani, baron de Barante, etc.

Ainsi, dès ce moment, je dus considérer et considérai ma négociation comme absolument échouée.

Mais, comme il fallait que l'on prît enfin un parti, comme on ne pouvait le prendre qu'après avoir eu connaissance de l'état des choses, du résultat de mes démarches, sur lesquelles princes, ministres et députés avaient les yeux, je m'empressai d'informer M. de Villèle du refus de MM. Royer-Collard et Périer, en indiquant ce que, dans ma pensée, il était urgent de faire, pour sortir de l'état critique où l'on se trouvait.

Voici la lettre que, dans cette circonstance, j'écrivis à ce ministre :

« Paris, le 26 décembre 1827.

« Monsieur le comte,

« J'ai vu hier M. Périer, ce matin M. Royer-
« Collard.

« Leurs dispositions repoussent toute idée
« d'un rapprochement entre vous et eux.

« *Il est impossible*, m'ont-ils dit, *qu'aucun*
« *de nous ou de nos amis entre aux affaires*
« *à côté de M. de Villèle. Il y a dix mois*
« *que, s'il eût manifesté des dispositions sem-*
« *blables à celles dans lesquelles vous assurez*
« *qu'il est aujourd'hui, la chose eût été pos-*
« *sible ; elle eût même été convenable, et nous*
« *l'eussions favorisée ; mais aujourd'hui au-*

« cune alliance, aucun arrangement n'est
« possible, ni praticable. Jamais ni nous, ni
« nos amis, nous n'entrerons dans une ad-
« ministration formée par M. de Villèle, et
« dans laquelle il resterait.

« J'ai poussé les argumens aussi loin que
« je l'ai pu. Je suis allé jusqu'à dire à M. Royer-
« Collard : *Enfin, monsieur, si le roi vous*
« *faisait appeler, et s'il vous proposait d'en-*
« *trer dans la nouvelle administration.....* —
« *J'en serais désolé,* m'a-t-il répondu; *mais*
« *ma résolution ne serait pas ébranlée, et le*
« *roi recevrait mon refus, si la condition était*
« *d'y entrer à côté de M. de Villèle.* »

« Nul doute donc, monsieur le comte, que
« ces dispositions ennemies ne soient celles de
« tous les hommes qui sont rangés sous la
« bannière de ceux auxquels j'ai pris sur moi
« de faire entendre un langage conciliateur.
« Je m'étais flatté de l'espoir qu'ils feraient
« taire leurs préventions, qu'ils étoufferaient
« leur haine, en vous voyant, organe des in-
« tentions du roi, disposé à faire à l'opinion
« publique les concessions importantes, de-
« venues si nécessaires, sur lesquelles, dans

« la conférence du 17 de ce mois, dont je
« leur ai fait connaître le résultat, nous nous
« sommes mis d'accord, tant sur les choses
« que sur les individus.

« Mais je me trompais : je n'ai trouvé chez
« eux que de la défiance, et une résolution
« prise de repousser tout ce qui vient de vous,
« ou du roi, par vous et avec vous, même les
« grandes améliorations constitutionnelles
« dont vous avez reconnu avec moi la néces-
« sité ; même les bienfaits d'un changement
« total dans la marche du gouvernement, si
« tout cela devait être l'ouvrage d'une admi-
« nistration qu'ils seraient appelés à compo-
« ser avec vous.

« Dans cet état de choses, il vous reste à
« prendre l'un de ces trois partis :

« Premier. Reculer l'ouverture de la session
« jusqu'au mois d'octobre prochain..... Mais
« ce parti, contraire à l'une des dispositions
« de la Charte, ne ferait, je le crains, que
« reculer la difficulté, et ajouter beaucoup à
« l'irritation des esprits, déjà si vive.

« Second.—Vous retirer...

« Mais pouvez-vous le faire? le devez-vous?

« êtes-vous maître de vos résolutions sur ce
« point? le roi consentirait-il à votre retraite?
« Vous m'avez laissé entrevoir le contraire
« dans la conférence du 17, en me disant que
« sa majesté vous avait chargé de composer
« une nouvelle administration.

« Troisième.—Former de suite une nouvelle
« administration, composée d'hommes qui
« soient tout-à-fait inoffensifs pour la cou-
« ronne et pour vous, et assez partisans cepen-
« dant des doctrines de la Charte, pour qu'ils
« ne fussent pas repoussés par l'opinion pu-
« blique, ni par les membres de l'opposition
« constitutionnelle qui représentent cette
« opinion.

« Mais il faudrait que la formation de cette
« administration fût suivie immédiatement
« d'un manifeste (1) ou d'une proclamation
« du roi, qui fît connaître l'esprit dans le-
« quel les affaires du pays seraient dirigées à
« l'avenir, et que le discours du trône, en
« confirmant les intentions du monarque,
« annonçât :

―――――

(1) J'envoyai le projet de ce manifeste : on le trouvera plus loin, page 228.

« 1° La suppression des lois qui ont porté
« atteinte au texte comme à l'esprit de la
« Charte, ou qui blessent nos mœurs.

« 2° La présentation, dans la session qui
« va s'ouvrir, et avant toutes choses, des lois
« qui manquent à notre organisation poli-
« tique constitutionnelle : telles que la loi sur
« la responsabilité des ministres ; celle d'un
« bon système municipal ; une meilleure loi
« sur la presse ; une autre sur les élec-
« tions, etc., etc.

« 3° L'exécution des lois du royaume, à
« l'égard d'un ordre religieux, dont la pré-
« sence en France, et surtout son influence
« dans les affaires publiques, sont un sujet
« d'inquiétude, et d'irritation générale.

« De cette manière, monsieur le comte,
« vous réparerez dignement les fautes com-
« mises ; vous imposerez à vos ennemis le si-
« lence de la satisfaction ; vous briserez dans
« leurs mains l'arme de la vengeance dont
« ils s'apprêtent à vous frapper, et dont ils
« vous atteindraient infailliblement, si vous
« ne vous couvriez pas de l'égide d'une ad-
« ministration ainsi choisie, ainsi organisée,

« et escortée, comme je viens de vous le
« dire, de toutes les concessions constitu-
« tionnelles que je vous indique, et dont
« nous sommes déjà convenus à la confé-
« rence du 17.

« De cette manière encore, la paix se fe-
« rait forcément entre vous et vos ennemis;
« elle se ferait sur le terrain de la Charte,
« où ils se sont placés; elle aurait pour gage
« de sa durée les offrandes constitutionnel-
« les que vous déposeriez sur l'autel de la
« patrie.

« Ce dernier parti, monsieur le comte, est
« le seul convenable, le seul qui soit vérita-
« blement conciliateur, le seul qui soit di-
« gne d'une belle ame, d'un grand citoyen,
« d'un véritable ami du pays et du trône;
« du trône, dont le premier des trois partis
« que je viens d'indiquer compromettrait
« infailliblement la sûreté, en troublant la
« paix publique.

« Voici, selon moi, monsieur le comte,
« quels sont les hommes qui pourraient être
« appelés à former cette administration
« mixte ou conciliatrice, et chez lesquels

« vous ne rencontreriez, j'ose l'affirmer, au-
« cune opposition, si on prenait avec eux,
« si on prenait envers la France l'engage-
« ment de faire tout ce que j'ai indiqué plus
« haut, tout ce dont nous sommes conve-
« nus à la conférence du 17.

MINISTÈRES :

«MM. Comte de Villèle, finances et présidence.

Comte Mollien
    ou } Trésor.
Comte Roy.

Comte Daru (1)
    ou } Intérieur.
Comte Lainé.

Comte Laferronnaye
    ou
Comte Sébastiani } Affaires étrangères.
    ou
Baron de Rayneval.

Baron de Barante, cultes et instr. publique.

---

(1) Il faudrait faire intervenir le roi.

«MM. Comte Chabrol
       ou   } Marine.
   Baron Portal.

Comte Guilleminot
      ou   } Personnel de la guerre.
Comte Sébastiani.

Comte Daure (1)
     ou   } Administ. de la guerre.
Baron Volant (2),

Comte Séguier, aux sceaux.

M. Laffitte, commerce et manufactures.

DIRECTIONS GÉNÉRALES.

Baron Hély d'Oissel, douanes.
    Bérard, postes.
    Maillard, contributions indirectes.
Baron Becquey, ponts-et-chaussées.
   . . . . . eaux et forêts.
Vicomte Martignac, domaines et enregist.

    Schoenen
       ou   } préfect. de police. »
    Guizot,

---

(1) Ancien intendant-général.
(2) Intendant-militaire.

Si l'on a lu avec attention cette lettre, on a vu que le discours du trône, à l'ouverture de la session, n'a été qu'une pâle paraphrase des engagemens que j'y ai dit qu'il fallait prendre envers la France, si l'on voulait calmer les esprits.

Les choix que j'ai indiqués n'ont pas été aussi bien accueillis. Pourquoi cela?

Parce que les paroles sont fugitives;

Parce qu'il est plus facile de s'affranchir de l'application des principes constitutionnels contenus dans les paroles ou annoncés par elles, que de ceux qu'auraient voulu suivre, qu'auraient imposés les hommes dont j'ai donné les noms.

Parce qu'enfin, un conseil ainsi composé eût, par la faveur qui l'aurait accueilli, menacé les ambitieux d'un certain parti de sa longue existence, et ce parti, de voir ses projets de contre-révolution indéfiniment ajournés ou refoulés dans le vague de l'imagination conspiratrice de ses membres.

Or, ce parti, en voyant qu'il ne pouvait pas s'imposer lui-même au monarque, dut employer ses efforts pour qu'on substituât aux quatre cinquièmes des noms que j'avais indiqués, ceux d'hommes plus maniables, à doctrines moins sévères, à principes moins sûrs, et d'une existence ministérielle plus éphémère.....; voilà tout le secret de la formation du conseil actuel.

Je me hâtai d'envoyer à S. A. R. monseigneur le dauphin copie de la note que l'on vient de lire.

Voici ma lettre au prince :

« Paris, le 26 décembre 1827.

« Monseigneur,

« Je crois devoir envoyer à V. A. R. co« pie de ma quatrième note à M. le président
« du conseil.

« Elle lui fera connaître le véritable état
« des choses, et ce qu'il reste à faire pour
« sortir de l'état de crise où nous sommes.

« Je suis, etc. »

Puis, j'écrivis la lettre suivante à M. Laffitte :

« Paris, le 26 décembre 1827.

« Monsieur,

« J'ai eu l'honneur de voir hier M. Périer,
« ce matin M. Royer-Collard...

« Satisfait de leur urbanité, je ne l'ai pas
« été de leur sagesse.

« C'en est fait; on sacrifie les intérêts pu-
« blics, la tranquillité du pays à la haine que
« l'on porte à un homme !

« Qu'en résultera-t-il ? Je crains, avec vous,
« qu'il n'en résulte de grands malheurs, et
« que l'on ne se repente, lorsqu'il ne sera
« plus temps, de n'avoir pas mis à profit les
« ouvertures faites.

« On parle d'amendement de M. de La
« Bourdonnaye ; de sa disposition à se rap-
« procher de M. de Villèle..... Je tiens cela
« de quelqu'un qui voit tous les jours un
« homme attaché à la personne et au service
« militaire et journalier du roi..... Je crois
« volontiers à des démarches de l'ambition ;
« mais d'après ce que m'a dit M. de Villèle
« du personnage et de tous ceux qui sont

« rangés sous son influence parlementaire,
« je ne conçois pas la possibilité d'un rap-
« prochement entre ces deux amis... d'autre-
« fois. Cependant, *quid non mortalia pectora*
« *cogis, auri sacra fames!*

« Recevez, monsieur, etc. »

Enfin, ne pouvant plus retenir mon zèle, que stimulaient encore les contradictions de ceux qui eussent dû en accueillir les produits, j'écrivis au roi la lettre qui suit :

« Paris, le 27 décembre 1827.

« Sire,

« Votre majesté veut-elle calmer toutes les
« irritations, faire cesser toutes les inquié-
« tudes, opposer l'amour des Français à des
« ambitions qui spéculent sur nos divisions,
« qui les entretiennent, peut-être ? Veut-elle
« rendre la paix à la France, à son trône la
« sécurité.... ? Elle n'a, pour cela, qu'à pu-
« blier la proclamation dont j'ose lui sou-
« mettre le projet.

« Mais, sire, votre majesté remarquera

« que cette proclamation n'est qu'une con-
« séquence, et non pas un principe.

« Tout ce qu'elle annonce doit donc être
« fait, préalablement à sa publication, ou si-
« multanément.

« Sire, il en est des monarchies, dans les
« momens de crise, comme de la terre aux
« époques de stérilité : les meilleures in-
« fluences ne leur viennent pas toujours d'en
« haut.

« Ne pouvant pas dire ici toute ma pen-
« sée à votre majesté, j'ose lui renouveler
« la prière de m'accorder une audience, et
« je la lui demande en présence de M. le pré-
« sident de son conseil, pour qui, depuis un
« mois, je ne suis point un inconnu, ainsi
« que l'apprendront à votre majesté les piè-
« ces rassemblées dans ce recueil (1).

« Je suis, etc. »

Voici le projet de manifeste ou de proclamation que j'osai envoyer au roi, après

---

(1) Ce sont celles relatives à ma négociation avec
M. de Villèle.

l'avoir adressé à M. le comte de Villèle, et à S. A. R. monsieur le dauphin :

« Français,

« Nous avons tous été trompés, calomniés.
« Vous avez toujours aimé votre roi.... Votre
« roi n'a jamais cessé de vouloir l'exécution
« pleine et entière de la Charte. Il en a juré
« le maintien en recevant l'onction sainte...
« Avez-vous pu penser qu'il violerait un pareil
« serment ?

« Une administration qui n'existe plus a
« mal compris mes intentions. Désormais el-
« les seront mieux connues et plus fidèle-
« ment remplies.

« Celle en qui je viens de mettre ma con-
« fiance est digne de la vôtre : vous la lui ac-
« corderez.

« Faire exécuter les lois du royaume contre
« tous ceux qui les ont enfreintes ; redres-
« ser tous les torts; réparer toutes les injus-
« tices; mettre notre législation en harmonie
« avec notre loi fondamentale, et, pour cela,
« rapporter les lois qui en ont faussé l'esprit
« ou altéré la lettre; présenter toutes celles qui

« manquent encore à notre organisation po-
« litique constitutionnelle : tels sont les de-
« voirs qui lui sont imposés par votre roi et
« qu'elle saura remplir.

« Français, ralliez-vous à moi ! Prêtez votre
« appui à l'administration que je vous donne;
« elle saura justifier mon choix, en respec-
« tant et en faisant respecter nos institu-
« tions. »

CHAPITRE DOUZIÈME.

SOMMAIRE.

Mes démarches, ma négociation n'avaient pu demeurer secrètes. — J'en informe M. Laffitte.

Quelque discrétion que j'eusse apportée dans tout ce qui s'était passé, pendant le mois de décembre, entre M. de Villèle et moi, ainsi que dans tout ce que j'avais dit, fait et écrit pendant cette période, pour amener un accommodement désirable sous tous les rapports; cette discrétion n'avait pu couvrir d'un voile impénétrable des choses, des circonstances auxquelles d'autres que moi avaient nécessairement dû être initiés.

Aussi, on en causait dans certains salons; les journaux eux-mêmes hasardaient des conjectures, faisaient leurs confidences...... M. Laffitte devint le héros secret de ma négociation. Je sus cela, je crus devoir l'en informer, et je le fis dans la lettre qu'on va lire.

« Paris, le 30 décembre 1827.

« Monsieur,

« Mes rapports avec M. le président du
« conseil des ministres, les démarches que
« j'ai faites pour arriver au grand but que
« je m'étais proposé et que vous connaissez,
« rien de tout cela n'a pu rester secret,
« quelle que soit, d'ailleurs, la réserve dont
« je me suis enveloppé.

« Vous aurez vu que les journaux ont eu
« connaissance de quelque chose d'analogue,
« et qu'ils en ont parlé, mais d'une manière
« indirecte et sans nommer personne, no-
« tamment le *Journal des Débats*, dans son
« numéro du 27 de ce mois, que je vous
« engage à lire, si vous ne l'avez fait déjà.

« Il y a plus : à un dîner chez M. l'ambas-
« sadeur de Suède, où s'est trouvé un de mes
« amis, et où était également un banquier
« de vos voisins, on a dit la chose à peu près
« telle que nous savons qu'elle a été con-
« duite. Mon ami, qui en savait plus que
« les causeurs, a observé le plus rigoureux

« silence : je lui avais recommandé la dis-
« crétion.

« Rien de cela, monsieur, ne doit vous
« contrarier. L'opinion générale, celle sur-
« tout des hommes sages, est en faveur de
« ce que j'ai entrepris et de ce que vous
« avez approuvé. On blâme hautement ceux
« qui mettent leur haine, ou je ne sais quelle
« délicatesse, dans la balance et à la place
« des intérêts publics; et ce n'est pas pour
« eux qu'est aujourd'hui, que sera plus tard
« la véritable popularité.

« Il est fâcheux, monsieur, que vous ayez,
« lors de votre entrevue avec M. de Villèle,
« déchiré la lettre anonyme de crédit que
« je m'étais donnée auprès de lui. Cette con-
« fidence, au moins inutile, a nécessairement
« rendu ce ministre plus réservé avec moi,
« et a beaucoup diminué l'influence de mes
« démarches, et, conséquemment, leur uti-
« lité. Il me semble, permettez-moi de vous
« le dire, qu'il n'y avait pas de nécessité à
« aborder vous-même la question de savoir
« si j'étais ou non autorisé à agir, et qu'il
« y en avait, au contraire, une grande à

« laisser croire à M. de Villèle que j'avais
« une mission pour entrer en négociation
« avec lui, puisque c'était le seul moyen (la
« conférence du 17 l'a prouvé) de connaître
« toute sa pensée sur l'objet de mes démar-
« ches.

« Croyez que cela a produit un bien mau-
« vais effet. Le peu de progrès qu'a fait, de-
« puis ce moment, la négociation que j'avais
« si heureusement entamée, le prouve évi-
« demment; et ce doit être pour vous un su-
« jet de déplaisir, puisque vous approuviez
« le motif qui me faisait agir et les conditions
« du traité que je préparais.

« Depuis la dernière visite que je vous ai
« faite, j'ai vu beaucoup de gens du monde
« qui prennent un grand intérêt à la situa-
« tion de nos affaires publiques. Tous blâ-
« ment le refus que l'on fait d'entrer au pou-
« voir à côté de M. de Villèle, aux conditions
« que je lui ai présentées, et qu'il a accep-
« tées de si bonne foi; toutes vous savent
« gré de votre adhésion à mes démarches,
« et de celle que vous avez faite vous-même
« auprès de ce ministre. Si quelques absolu-

« tistes (car nous en avons aussi dans nos
« rangs) osaient vous critiquer, l'estime gé-
« nérale, monsieur, vous vengerait de leurs
« sarcasmes.

« J'ai causé de tout cela avec un ancien et
« bon ami de feu M. Darrieux, qui est aussi
« le mien (1) : il a tout vu, tout lu. C'est un
« homme de beaucoup de sens, d'esprit et
« d'instruction. Vous le connaissez. Il a
« donné son entier suffrage à tout ce qui a
« été fait et dit, et ne s'explique pas com-
« ment il est des hommes qui, se disant pa-
« triotes, et se plaçant à la tête des amis de
« nos institutions, puissent laisser échapper
« l'occasion que je leur ai ménagée, offerte,
« de faire triompher les doctrines constitu-
« tionnelles et de rendre la paix à notre pauvre
« patrie, si près, peut-être, d'être troublée par
« des événemens dont il est impossible de
« prévoir au juste les conséquences.

« J'en ai parlé encore à plusieurs hommes
« dont l'opinion, non suspecte de villé-
« lisme, fait autorité dans l'espèce, et dont

---

(1) M. Lapenne.

« la position sociale commande l'estime. Tous
« se sont écriés : *Eh! que veulent-ils donc, si*
« *ce que vous leur avez proposé ne leur con-*
« *vient pas? Où veulent-ils nous mener?.....*
« — Puis l'un d'eux a ajouté : *C'est donc*
« *pour cela que M. Laffitte me disait, il y a*
« *peu de jours : Vous seriez bien étonné, si*
« *vous voyiez, avant peu, les jésuites chassés*
« *de France.*

« Oui, ils le seraient en effet, ou du moins
« ils n'y auraient plus, bientôt, aucun établis-
« sement, ils n'y existeraient plus comme cor-
« poration, si les hommes qui se sont placés,
« je ne sais trop pourquoi, à la tête de l'opi-
« nion constitutionnelle, et à quelques-uns
« desquels je me suis adressé, après vous avoir
« entretenu, eussent accueilli mes ouver-
« tures comme leur devoir de bon citoyen,
« de loyal député était de le faire; et nous
« aurions à présent la plus grande influence
« dans les affaires, à côté d'un homme qui,
« comme vous me l'avez dit très judicieuse-
« ment, peut faire le bien, et est aujourd'hui
« dans une position qui l'oblige, pour sa pro-
« pre tranquillité, pour la sûreté du trône,

« à le vouloir, et à le vouloir fortement et sincèrement.

« Je ne sais, monsieur, si vous avez conti-
« nué à voir M. de Villèle, et à traiter avec
« lui de l'affaire importante pour laquelle je
« me suis entremis. Je le souhaite, car l'ar-
« rangement que j'ai pris sur moi de propo-
« ser, et que ce ministre avait si franchement
« accepté, peut seul prévenir bien des
« maux.

« Je voulais aller voir M. de Villèle avant-
« hier; mais la catastrophe de Scio m'en a
« ôté le courage. Vraie ou fausse, la nouvelle
« en est arrivée bien mal à propos. J'ai écrit
« à ce ministre, pour lui dire ce que j'en
« pense, et quelle fâcheuse impression elle
« va faire sur des esprits déjà si irrités. Je vous
« envoie copie de la note que j'ai portée hier
« chez ce ministre, sur cette triste matière.
« Fasse le ciel que tout cela soit mensonge!
« Je me propose d'aller le voir demain, et
« j'aurai l'honneur de me présenter à votre
« cabinet dans la semaine.

« Réunissez encore, monsieur, vos efforts

« aux miens pour l'accomplissement du grand
« œuvre que j'ai entrepris, et que vous avez
« aidé de votre assentiment et de vos démar-
« ches! Croyez que le succès vous popularise-
« rait plus que ne le fera le refus obstiné de
« certains hommes, dont j'honore toutefois
« le caractère, tout en blâmant leur absolu-
« tisme..... ou leur faiblesse, qui leur fait re-
« pousser, dans la crainte de se dépopulariser,
« de déplaire à leurs mandataires, un accom-
« modement dont le résultat eût été, cepen-
« dant, de rendre à la France, et pour tou-
« jours, toutes les institutions politiques,
« toutes les lois qui sont une conséquence
« de la rigoureuse exécution de la Charte,
« en plaçant à la tête de nos affaires les hom-
« mes les plus sincèrement dévoués à ces in-
« stitutions. La vraie popularité n'est pas pour
« les résolutions extrêmes, lorsque le pays
« peut être sauvé, satisfait sans elles; elle est
« toute pour les hommes qui résoudraient ce
« problème, dont j'avais à peu près donné la
« solution dans les prémices que vous con-
« naissez :

« Faire un arrangement qui préviendrait « la crise affreuse, les grands bouleverse- « mens dont nous sommes peut-être menacés, « tout en donnant à la France, dans les choses « comme dans les individus, les satisfactions « constitutionnelles qu'elle a le droit d'exi- « ger.

« Honneur, monsieur, honneur à l'homme « d'état, honneur aux bons esprits qui obtien- « dront sans choc, sans désordre, sans effu- « sion de sang, *et sans la faire trop attendre*, « la solution de ce problème important, qui « se trouvait résolu en entier par les arran- « gemens arrêtés le 17 de ce mois.

« Je suis, monsieur, etc. »

CHAPITRE TREIZIÈME.

SOMMAIRE.

Ordonnance du 4 janvier. — Premier mémoire au roi. — Il est mis sous les yeux de sa majesté. — On intrigue pour former un ministère composé d'ultra-royalistes. — Deuxième mémoire au roi. — On ne m'en accuse pas la réception. — Lettre à M. le duc de Damas. — Discours de la couronne. — Lettre a M. le Dauphin.

Nous étions arrivés à la fin de l'exercice. Les chambres étaient convoquées pour le 5 février prochain. Le ministère qui existait encore ne pouvait pas ouvrir la session : force était donc d'en créer un autre.

La communication que j'avais faite à S. A. R. monsieur le dauphin, de ma quatrième note à M. de Villèle, en date du 26 décembre, avait dû détruire tout espoir de composer l'administration constitutionnelle acceptée par ce ministre, au nom du roi. Il fallait donc en improviser une autre. Je l'avais indiquée dans cette note..... L'ordonnance du 4 janvier accomplit très imparfaitement cette œuvre, en composant un ministère d'hommes dont les opinions connues alors n'étaient nullement homogènes, et pouvaient faire croire à des dissidences prochaines, et donner des inquiétudes.

Je n'y vis point une satisfaction suffisante, une garantie de paix pour le pays, de sécurité pour le trône; et mon imagination stimulant toujours mon zèle, me dicta le mémoire suivant, que j'adressai au roi :

« Paris, le 15 janvier 1828.

« Sire,

« Le dévouement et le trop grand zèle ren-
« dent téméraire, mais ils portent avec eux
« leur excuse: veuillez me lire.

« Le nouveau ministère ne remplit aucune
« des conditions qui devaient être le gage de
« la bonne harmonie entre le pouvoir légis-
« latif et le pouvoir royal.

« Ce ne sont pas seulement de nouveaux
« dépositaires de ce dernier pouvoir que l'o-
« pinion publique demandait; elle voulait en-
« core que les ministres qui devaient succé-
« der dans la confiance de votre majesté aux

« ministres déchus, fussent pris dans les rangs
« des organes de l'opinion constitutionnelle
« dans les deux chambres.

« Or c'est ce qui ne résulte pas des choix
« faits, puisque cinq des nouveaux ministres
« ont fait connaître leur indifférence à l'é-
« gard de nos institutions.

« Chacun sait qu'à votre majesté seule
« appartient le droit de choisir ses ministres.
« Mais pour qu'un ministère puisse faire le
« bien, qu'il est, sans doute, dans les inten-
« tions de votre majesté qu'il fasse, il faut
« qu'il soit l'élu tacite de l'opinion dominante;
« Il faut qu'il y ait homogénéité entre ses
« opinions et celles de la majorité dans les
« chambres, sans le concours de laquelle il
« ne peut pas gouverner le pays.

« Or, l'opinion dominante en France, l'o-
« pinion générale, c'est l'opinion constitu-
« tionnelle. Elle déborde les partis les plus
« opposés dans leurs doctrines; elle les rap-
« proche; elle domine tous les bons esprits;
« elle apparaît en souveraine dans les cham-
« bres...

« Il est temps, sire, qu'elle règne égale-

« ment sur l'esprit de nos princes. Il en est
« temps pour le maintien de la paix publi-
« que, et pour la sûreté du trône, com-
« promis par des dangers que des optimistes
« politiques ou des traîtres peuvent seuls
« méconnaître ou dissimuler...

« Ces dangers, sire, sont de plusieurs es-
« pèces : il faut peu de clairvoyance pour les
« apercevoir.

« Ici, c'est le mécontentement de la na-
« tion, qu'il est plus que temps de faire cesser.

« Là, une convoitise qui aurait l'opinion
« constitutionnelle, c'est-à-dire, l'opinion
« des masses pour appui, si votre majesté
« ne se hâtait de la satisfaire pleinement.

« Plus loin une autre légitimité, qui au-
« rait pour elle le prestige des plus glorieux
« souvenirs, si puissans sur un peuple qui
« aime la gloire autant que la liberté.

« Votre famille, sire, serait-elle donc pré-
« destinée à ne jamais apercevoir les périls
« qui la menacent, et à s'endormir dans une
« trompeuse sécurité?

« Le 21 janvier, le 20 mars, Sainte-Hé-
« lène, ne sont-ils donc pas des exemples

« suffisans du danger auquel s'exposent les
« princes qui arment contre eux l'opinion
« publique, ou qui négligent de s'en faire
« un appui dans l'adversité?

« En composant un ministère qui ne re-
« présente pas l'opinion dominante, quelle
« a pu être, sire, la pensée de votre ma-
« jesté ?

« Celle de prévenir une réaction?

« Mais les réactions sont utiles ou dange-
« reuses, selon la situation où l'on se trouve,
« selon la force respective des partis.

« Elles sont dangereuses, lorsqu'elles ont
« pour objet de faire, à l'aide de l'influence
« du pouvoir, triompher les doctrines d'un
« parti faible, de sacrifier les droits des mas-
« ses à des vanités, à des priviléges, à de
« vaines terreurs.... Tel serait le caractère de
« la réaction à laquelle donnerait naissance
« l'action d'un ministère qui aurait reçu du
« prince la mission de gouverner le pays dans
« un sens opposé à l'opinion dominante, ou
« qui lui persuaderait que le trône serait en
« danger, si l'on soumettait le gouvernement
« à son influence.

« Elles sont utiles et conservatrices du
« repos public, lorsque leur but est d'assu-
« rer le triomphe des doctrines auxquelles
« les masses se sont ralliées ; parce que là
« où est le nombre, là aussi est la force,
« surtout lorsque, comme dans l'espèce qui
« nous occupe, ces masses ne demandent que
« le maintien de l'ordre légal, le respect de
« tous les droits ; et telle serait la réaction
« qui fût résultée de l'action d'un ministère
« pris dans les rangs des hommes prudens
« et modérés que l'opinion constitutionnelle
« désignait, que j'avais indiqués à M. le pré-
« sident de l'ancien conseil, et avec lesquels
« il avait senti la nécessité de former une
« nouvelle administration, conjointement
« avec lui.

« Considéré de cette manière, qui est la
« la seule vraie, une réaction, c'est-à-dire,
« un changement absolu dans la direction
« que l'on a donnée, depuis six ans, aux af-
« faires du gouvernement, loin qu'elle eût
« été dangereuse, eût, au contraire, été fé-
« conde en heureux résultats.

« C'est dans le maintien du *statu quo* po-

« litique qu'est le danger, parce qu'il com-
« promet la paix publique, en irritant les
« esprits; ébranle le trône, en désaffection-
« nant la nation, et parce qu'il peut ame-
« ner les plus grands désordres et, peut-
« être, les plus grands malheurs.

« Il ne faut pas se faire illusion, sire, sur
« la disposition des esprits en France : ils
« veulent la Charte, la Charte avec toutes
« ses conséquences. Ils sont, plus que l'on
« ne le pense, peut-être, disposés à se mettre
« en état de désobéissance contre les lois qui
« en ont enfreint les dispositions; contre le
« pouvoir, quel qu'il soit, qui voudrait main-
« tenir ces lois, et auquel ils demandent
« impérieusement, au contraire, avec l'abo-
« lition de ces lois et de celles qui, sans être
« contraires à la lettre de la Charte, ont al-
« téré son esprit et blessé nos mœurs, la pré-
« sentation de toutes les lois qui sont le com-
« plément nécessaire de notre organisation
« politique.

« Il y aurait péril, sire, et péril imminent
« à se roidir contre des désirs qui ont pour
« eux la légalité, qui reçoivent de l'état des

« lumieres en France, une force à laquelle
« il serait de la plus grande imprudence de
« résister.

« Il suit de là, sire, qu'une molle conces-
« sion sur les individus n'est point une sa-
« tisfaction donnée à l'opinion dominante ;
« elle n'est qu'un acte de faiblesse.

« Quand cette opinion demande quelque
« chose au pouvoir, c'est pour lui le moment
« d'une salutaire et sérieuse réflexion.

« Ou il doit résister à cette demande et
« montrer sa force, à ses risques et périls ;

« Ou, s'il cède, il doit le faire pleinement,
« et comme par conviction, et parce qu'il
« a recouvré le sentiment de ce qui est bon,
« utile, nécessaire, indispensable.

« Alors, hommes et choses, tout doit
« éprouver, et de suite, et sans hésitation,
« l'influence de ce sentiment, qui est encore,
« de la part du pouvoir, celui de sa propre
« conservation.

« Avec le ministère qui vient d'être nom-
« mé, on peut hasarder l'ouverture de la
« session, conjurer, mais faiblement, l'orage
« qui commençait à gronder ; mais il est au

« moins douteux que l'on puisse obtenir
« une majorité dans la chambre élective; il
« l'est davantage que l'on puisse traverser la
« session sans désordre, sans quelques-uns
« de ces événemens qui, sortis du sein de la
« législature, sont un appel aux passions, à
« des passions trop disposées, peut-être, à
« livrer au pouvoir de dangereux combats!

« On aura beau faire ou promettre quel-
« ques concessions aux opinions constitu-
« tionnelles : les promesses ou l'apport de
« ces concessions ne seront considérés que
« comme un leurre, un piége tendu à une
« confiance qui est à elle seule toute l'exis-
« tence du ministère, mais qui se met au
« prix de toutes les institutions qui sont une
« conséquence rigoureuse de la Charte, et ne
« s'accorde plus qu'à ce prix.

« En politique, sire, l'avenir devient sus-
« pect à ceux que le présent ne satisfait pas.

« L'opinion publique repoussait, sans doute,
« et avec force, les membres de l'ancien mi-
« nistère; mais elle demandait bien moins,
« quoi qu'en aient pu penser ou dire certains
« esprits exagérés, le changement des indi-

« vidus; ses organes dans la chambre au-
« raient bien moins demandé ce changement
« des personnes, qu'un changement complet
« dans la marche du gouvernement.

« Cela est si vrai, sire, que si votre ma-
« jesté, par un acte prudent et conciliateur
« de sa puissance royale, eût publié un ma-
« nifeste à peu près semblable à celui dont je
« lui ai envoyé le projet (1), ainsi qu'à mon-
« seigneur le dauphin et à M. le comte de
« Villèle; si votre majesté eût fait connaître
« à la France qu'elle ordonnait à ces mêmes
« ministres qu'elle a sacrifiés à l'opinion pu-
« blique, de faire exécuter les lois du royaume
« contre les jésuites et contre les ordres mo-
« nastiques des deux sexes, trop imprudem-
« ment rétablis; de préparer toutes les lois
« qui doivent compléter notre organisation
« politique constitutionnelle, et de lui pro-
« poser le rapport de celles qui ont porté at-
« teinte à notre liberté et outragé nos mœurs;
« si, dis-je, sire, votre majesté eût fait tout
« cela, l'opinion publique eût été satisfaite;

―――――

(1) Voir page 228.

« la nation eût payé de son amour ce bien-
« fait de son roi ; et les hommes qui se
« croient maîtres absolus de cette opinion,
« et qui, s'attachant à des noms, lorsqu'ils
« ne devraient voir que des principes et des
« doctrines, voudraient imposer des choix,
« après avoir obtenu des destitutions ; ces
« hommes auraient été condamnés au silence,
« et auraient vu s'échapper de leurs mains
« le sceptre de l'opinion, qui serait venu se
« placer dans celles de votre majesté, où il
« devrait toujours être, et dans lesquelles il
« est de la plus haute importance de le repla-
« cer enfin.

« Un ministre d'une rare sagacité, mais qui
« a eu le malheur, soit calcul de l'ambition,
« soit plutôt faiblesse pour des préjugés de
« cour, de voir les intérêts de la nation dans
« ceux d'une cotterie ; la sûreté du trône dans
« une police qui se faisait provocatrice pour
« avoir l'occasion de se montrer répressive ;
« le lustre des familles dans l'exhérédation
« du plus grand nombre de leurs membres
« au profit d'un seul ; la force du pays dans
« les sommités de l'échelle sociale, tandis

« qu'elle réside tout entière et seulement dans
« la confusion des masses; ce ministre, éclairé
« sur ses fautes par l'approche du danger,
« avait senti le besoin de les réparer, et,
« ayant eu le bon esprit de reconnaître qu'il
« ne le pourrait pas avec les hommes qui sié-
« geaient avec lui au conseil, il avait consenti,
« sans doute après avoir pris les ordres de
« votre majesté, à leur chercher des succes-
« seurs parmi les organes sûrs et prudens de
« l'opinion constitutionnelle, et à adopter
« des bases de gouvernement en tous points
« différentes de celles sur lesquelles on a bâti
« depuis six ans notre édifice politique social.

« Monseigneur le dauphin sait ce qui avait
« été résolu à cet égard par mes soins et par
« mon entremise, avec ce ministre.

« Malheureusement, les hommes qui sont
« connus pour être les premiers organes de
« cette opinion dans la chambre élective, ont
« pensé, assurés qu'ils se croyaient d'une
« victoire complète sur les hommes et sur les
« choses, qu'ils devaient sacrifier celles-ci à
« ceux-là; et ils ont refusé leur adhésion au
« pacte d'alliance que je suis venu leur offrir,

« et dont le premier gage était l'entrée au
« conseil pour neuf d'entre eux, et l'engage-
« ment pris de faire de suite tout ce que les
« besoins du pays réclament.

« Cette faute, bien grave, et déjà bien sen-
« tie par les amis de nos institutions, a eu
« sa conséquence. Un ministère nouveau a
« paru, lequel, ainsi que je l'ai déjà dit, ne
« satisfait pas aux conditions de paix et de
« soumission qui sont imposées ; qui laisse
« le trône, sire, dans cet isolement de l'affec-
« tion publique où les actes de l'ancienne
« administration l'avaient placé; la France et
« les esprits dans un état semblable d'irrita-
« tion et d'inquiétude; et qui verra les deux
« oppositions également disposées à lui re-
« procher le mal auquel il ne remédiera pas,
« et à lui rendre difficile le bien qu'il vou-
« drait entreprendre.

« Tandis qu'un ministère, formé de la ma-
« nière que cela avait été arrêté dans ma con-
« férence du 17 décembre dernier avec M. le
« comte de Villèle, aurait eu pour lui une
« majorité de plus de trois cent cinquante
« membres dans la chambre élective, c'est-

« à-dire, qu'il aurait eu toute la puissance
« nécessaire à l'accomplissement du grand
« œuvre qu'il se serait proposé, et dont j'a-
« vais posé les bases dans cette conférence,
« dont monseigneur le dauphin a bien voulu
« permettre que je lui remisse le double.

« Sire, le malheur des princes en général,
« et qui semble être plus spécialement encore
« celui des princes qui ont éprouvé de grandes
« vicissitudes politiques, c'est d'avoir de la
« défiance pour tout ce qui favorise la liberté
« des peuples qu'ils gouvernent.

« Cependant, sire, si, mieux inspirés, ils
« voulaient bien voir que tout ce qui s'é-
« chappe en pouvoir, en confiance, de leurs
« mains remonte vers sa source, après s'être
« changé en reconnaissance, en amour, ils
« seraient et plus confians et plus géné-
« reux.

« Mais c'est surtout en France que cette
« métamorphose se réaliserait. Aucun peu-
« ple, sire, n'est plus oublieux et plus aimant
« que le peuple français. Ceci est encore une
« conséquence de la légèreté qu'avec raison,
« en certains points, à tort en quelques au-

« tres, on dit être le propre de son caractère;
« car, moins léger, il serait haineux et par-
« donnerait moins facilement aux violations
« que, depuis si long-temps, on a faites de
« ses droits constitutionnels.

« Ah! pourquoi, sire, n'a-t-on pas suivi,
« dans tout son entier, le conseil que j'avais
« donné!

« Pourquoi votre majesté n'a-t-elle pas ré-
« solu de donner de suite une tout autre
« direction à nos affaires publiques!

« Pourquoi n'a-t-elle pas, en formant une
« nouvelle administration, composée des
« Daru, des Royer-Collard, des Laffitte, des
« Roy, etc., des hommes de cette nuance,
« dont le beau talent ne peut être égalé que
« par leur grande probité politique, publié
« le manifeste dont j'ai déjà parlé!

« Pourquoi enfin cette noble satisfaction
« n'a-t-elle pas été donnée à la France!

« Alors, sire, votre majesté eût pu faire
« l'essai des sentimens de ces Français, si di-
« gnes de l'amour de leurs princes, et elle
« eût vu ce que peuvent sur eux la confian-
« ce, la justice, la bonne foi de leur roi.

« Ah ! croyez-le, sire, jamais monarque « n'aurait recueilli une plus ample moisson « d'hommages respectueux et tendres ; jamais « aucun ne se serait vu entouré de plus de « puissance et de gloire : car c'est l'amour « des peuples qui fait la gloire et la force des « rois.

« Mais cet amour, sire, ne se commande « pas ; il naît spontanément des bienfaits que « les rois répandent sur leurs peuples. La « défiance l'effarouche, la confiance l'attire ; « d'où la conséquence qu'il sera plus aimé « de ses peuples, le roi qui respectera reli- « gieusement les libertés publiques, et qui « ne se croira jamais plus en sûreté que lors- « qu'il sera au milieu d'eux.

« J'ai dit, sire, que la composition du « nouveau ministère est loin de satisfaire à « l'opinion publique. J'ajoute que ses pre- « miers actes sont peu propres à lui conci- « lier cette opinion. Elle demandait l'éloigne- « ment de magistrats à qui elle reproche, « avec trop de raison, sans doute, des pro- « vocations qui ont amené les plus grands « désordres, des massacres, et qui ont irrité

« tous les esprits; elle savait que ces magis-
« trats ou hauts fonctionnaires obéissaient à
« la faction jésuitique, sous les drapeaux de
« laquelle tout annonçait qu'ils s'étaient ran-
« gés. Elle exigeait qu'ils fussent remplacés
« par des hommes étrangers à cette faction ;
« dont les principes et les doctrines, cau-
« tionnés par le passé, offrissent des garan-
« ties contre le retour de tant de calamités
« et de désordres......; et, au mépris de ses
« vœux, quel choix a-t-on fait ? par qui le
« sieur Delavau a-t-il été remplacé? Par un
« magistrat (1) également soupçonné d'a-

---

(1) Dans ce qui précède et ce qui suit, jusqu'à la fin de ce paragraphe, j'ai rendu mes impressions de l'époque à laquelle j'écrivis ce mémoire, j'ai écrit sous l'influence de l'opinion générale d'alors, laquelle n'accueillit pas favorablement le choix fait de M. de Belleyme pour la préfecture de la police. On pensait qu'il serait le continuateur de M. Delavau.... Une administration de dix mois a prouvé qu'il ambitionnait, au contraire, la gloire d'être le réformateur des vices, des abus qui s'étaient introduits dans l'administration de la police. On lui doit déjà un grand nombre d'ordonnances qui portent le caractère

« grégation à cette faction, source elle-mê-
« me et cause des maux qui ont désolé tant
« d'états, et qu'elle répand sur notre patrie
« avec une scandaleuse impunité, avec une
« liberté qui accuserait jusqu'au prince qui
« la tolère, s'il était possible qu'il connût le
« mal et qu'il n'y remédiât pas.

---

d'une grande sagesse, d'une surveillance active, sans tyrannie, et qui rendent une prudente liberté à des professions qui la réclamaient vainement depuis long-temps. Tout annonce donc que, sous l'administration de ce jeune magistrat, si vieux de raison, de justice et d'expérience, nous ne verrons jamais, quelles que puissent être d'ailleurs les provocations de la faction à laquelle obéit son prédécesseur, se renouveler le spectacle affligeant d'un peuple provoqué à la rébellion par ceux-là même qui doivent lui prêcher l'obéissance, pour avoir le cruel plaisir de faire sur lui l'épreuve de l'obéissance passive de nos soldats. Je suis donc heureux de pouvoir exprimer aujourd'hui, à l'égard de M. de Belleyme, des sentimens dignes de lui. Honneur aux magistrats et aux fonctionnaires qui sauront, par leurs actes, détruire les préventions qui les entourèrent d'abord, et attirer à eux l'expression du respect et de l'estime publics [1]

« Et cependant, sire, il doit en être de la
« bonne foi des rois, comme de la chasteté
« de la femme de César; elle ne doit pas
« même être douteuse; car le doute, sur ce
« point, détruit le respect. Or, les peuples
« n'aiment que les princes qu'ils respectent;
« et, sans l'amour des peuples, la force des
« rois n'est plus.

« Dans les monarchies constitutionnelles,
« sire, les seules possibles aujourd'hui en
« France et, bientôt, dans tous les états,
« cette force des rois est, par rapport à eux,
« purement morale; car ils ne peuvent dis-
« poser de la force matérielle qu'au nom de
« la loi et pour son exécution, qu'au nom
« de la patrie et pour sa défense; et non
« pour défendre, pour soutenir un pouvoir,
« des institutions qui seraient en opposition
« avec les droits constitutionnels des peu-
« ples; et non pour forcer le pays à se cour-
« ber sous le joug des factions dont ils au-
« raient la faiblesse de favoriser l'ambition,
« l'imprudence d'autoriser les envahisse
« mens.

« La légitimité elle-même, ce dogme po-
« litique inventé pour le repos des nations,
« bien plus que dans l'intention de favoriser
« les intérêts des maisons régnantes; la lé-
« gitimité serait mal comprise des peuples,
« si elle n'appelait à son secours cette force
« morale, qui n'a pour élémens que leur
« respect et leur amour pour ces familles.

« C'est donc à obtenir ce respect et cet
« amour que les rois doivent travailler; car
« ils ne leur sont dus ni acquis de droit divin.

« Or, j'ai dit, sire, qu'ils en seraient as-
« surés, lorsqu'ils respecteraient les libertés
« publiques et les droits constitutionnels
« de tous ; lorsqu'ils prendraient place au
« milieu de leur peuple, comme un père au
« milieu de ses enfans.

« Sire, ce langage est austère, hardi; mais
« il est franc; mais il est vrai. Il est dicté par
« un dévouement véritable, par un zèle pour
« le bien public, que douze ans d'oppression
« et d'injustices ministérielles n'ont pas pu
« refroidir.

« Honte, honte et malheur aux ministres,

« aux conseillers fourbes ou imprudens qui
« auraient la faiblesse ou la lâcheté d'en par-
« ler un autre à votre majesté !

«Je suis, sire, avec un respect profond,

«De votre majesté, etc. »

Huit jours après, M. le duc (Charles) de Damas me fit l'honneur de m'écrire, pour m'annoncer qu'il avait mis mon mémoire sous les yeux du roi.... (1), à qui, *seul*, cependant, je l'avais adressé avec une précaution qui, dans d'autres temps, m'eût assuré qu'il parviendrait directement au monarque. Mais autres temps, autres mœurs, autres usages.....

Le ministère nouveau ne satisfaisait personne.

C'était, disaient les uns, un ministère de fusion..... Pour d'autres, il n'était qu'un ministère de transition.

L'ambition aime tant à se repaître d'espérance !

Enfin, ces derniers ne tardèrent pas à in-

---

(1) Voir aux pièces justificatives.

triguer pour renverser le pouvoir naissant, et pour s'en emparer.

Un ministère qui comptait à peine trois membres, sur neuf, qui eussent des principes politiques arrêtés, des doctrines positives, ne pouvait plaire à aucun parti.

Les constitutionnels le supportaient, parce qu'il succédait à une administration qui avait mis en péril tous les intérêts du pays, à l'extérieur comme à l'intérieur, compromis et attaqué toutes nos institutions.

Le parti-prêtre et tous ses adhérens voyaient dans l'absence même de toute doctrine, de tous principes politiques, qui caractérisait le nouveau ministère, dans cette disposition à tout ménager qu'il manifestait, quelque chose de plus dangereux pour eux, que ne l'eût été une administration tout-à-fait ennemie, et de laquelle ils eussent pu attendre ou appréhender des mesures excessives, acerbes, qui les auraient, avec le temps, autorisés à s'en plaindre au monarque, et à rêver sa chute et son remplacement par des hommes de leur choix. Aussi employèrent-ils tous leurs efforts pour prouver la sagacité de leur prévision, la vérité de la devise qu'ils avaient inscrite sur le drapeau ministériel, et pour imposer une administration purement aristocratique et ultramontaine; et c'est ainsi que l'on colportait déjà partout, vers le commencement de février, une nouvelle organisation du cabinet, dans laquelle on voyait figurer les noms des Blacas, des Polignac, des La Bourdonnaye, etc.

La création en paraissait certaine. Du moins ceux qui la désiraient la proclamaient partout comme telle.

Les craintes, les appréhensions, d'un côté; de l'autre, la félicitation sur un meilleur avenir, les joies secrètes, tout faisait craindre que la cour ne commît une faute qui eût été plus grande, peut-être, que la conservation de l'ancien ministère lui-même ne l'aurait été.

Le non-succès de ma négociation de décembre ne m'avait pas rendu indifférent sur nos grands intérêts.

De pareils bruits ranimèrent ma sollicitude, non encore assoupie.

« Quoi! me dis-je, serait-il vrai que le roi

consentirait à donner à la France un ministère composé d'hommes qui se sont toujours déclarés les ennemis de ses institutions et des nouveaux intérêts que la Charte a créés, ou qu'elle a pris sous sa protection? Si cela est, c'est que sa majesté est trompée sur la véritable disposition des esprits, sur l'état de l'opinion publique en France. Tout Français a le droit d'éclairer le prince ; et ce droit est un devoir, lorsque l'erreur dans laquelle on l'entraîne peut être la cause de grands malheurs.

« Écrivons au roi. Qu'une fois encore il entende la vérité ! »

Cela dit, je rédigeai pour sa majesté le mémoire suivant :

« Paris, le 2 février 1828.

« Vous dites qu'il est des vérités qu'il faut taire aux princes, parce qu'elles seraient un outrage à la majesté royale. Moi, je dis que c'est trahir les rois que de leur cacher les vérités dont il importe à leur conservation qu'ils soient informés. »

« Sire,

« M. le premier gentilhomme de la cham-

« bre m'a fait l'honneur de me prévenir qu'il
« avait remis à votre majesté le mémoire que
« je lui ai adressé le 15 du mois dernier.
« C'est m'avoir dit que votre majesté a lu ce
« mémoire, si plein de vérités pénibles, mais
« utiles, et qui contenait les seuls conseils
« que, vu les circonstances éminemment cri-
« tiques où nous nous trouvons, la prudence
« commande de suivre.

« En outre de cet avis, sire, je m'attendais
« à être informé de l'effet que cette commu-
« nication avait produit sur l'esprit de votre
« majesté, par rapport au sujet qui y est
« traité, et par rapport à l'auteur..... Le sen-
« timent qui m'a guidé en l'écrivant, me
« semblait mériter une expression de bien-
« veillance.

« Le silence de votre majesté sur ce dou-
« ble point, ce que l'on publie dans le monde
« des intentions de la cour, de la disposition
« où votre majesté serait de former un nou-
« veau ministère pris dans les rangs des hom-
« mes trop véridiquement nommés de la
« *contre-révolution*, ce silence, ces bruits,

« loin de briser ma plume, me décident, au
« contraire, à écrire encore à votre majesté;
« à lui dire dans quelles dispositions de pa-
« reils bruits jettent les esprits des masses;
« l'effet qu'ils produisent sur l'opinion pu-
« blique; le danger qu'il y aurait à ce qu'ils
« devinssent une réalité.

« Je dirai à votre majesté le sentiment
« profond que j'ai des malheurs dont un pa-
« reil ministère, les intentions fâcheuses et
« peu rassurantes auxquelles on le devrait,
« accableraient le pays, et votre majesté et
« sa famille.

« Je sais, sire, que je ne suis pas l'un des
« ministres de votre majesté; que je n'ai au-
« cun caractère politique qui puisse accré-
« diter mes assertions et donner du poids à
« mes conseils.

« Je sais que l'on fait mal ses affaires à la
« cour, en y proclamant d'austères vérités.

« Mais mon zèle, que douze ans d'injus-
« tices et d'oppressions ministérielles n'ont
« pu refroidir, est supérieur aux désagré-
« mens, aux haines, aux persécutions que

« peuvent m'attirer la franchise avec laquelle
« je me suis déjà expliqué dans mon pre-
« mier mémoire, et celle plus grande en-
« core dont j'userai dans celui-ci.

« Sire, dans mon opinion, qui s'appuie
« sur l'histoire de tous les princes qui ont
« été les victimes des mensonges adulateurs
« dont on caressa leurs oreilles, on sert mal
« les rois en ne les berçant que de douces il-
« lusions, en leur montrant comme heu-
« reuse, soumise, dévouée, une nation qui
« gémit sous le poids des plus durs impôts;
« qui, mettant son dévouement au prix d'un
« régime légal, c'est-à-dire, au prix de l'exé-
« cution pleine et entière de la loi fondamen-
« tale, régulatrice de ses droits et de ceux
« de ses princes, a, cependant, vu des minis-
« tres téméraires se servir de la prérogative
« royale qu'ils profanaient, pour abroger,
« pour détruire plusieurs des principales
« dispositions de cette loi; qui, loin qu'elle
« restât soumise, si l'on concevait l'auda-
« cieux projet de la lui ravir, est, au con-
« traire, tout près de se montrer désobéis-
« sante aux lois qui seraient contraires à la

« Charte constitutionnelle, de résister au
« pouvoir, quel qu'il soit, qui oserait
« fouler aux pieds, sacrifier à des courti-
« sans, à la faction jésuitique, aux hommes
« et aux ambitions de l'ancien régime, ce
« pacte, hors duquel, sans lequel, tous les
« liens politiques qui unissent la nation
« à son roi, seraient rompus à tout ja-
« mais.

« Sire, souffrez que je continue à m'ex-
« pliquer librement. Pour celui qui n'a que
« du zèle et qui veut être utile, de serviles
« précautions oratoires sont un embarras
« qui arrête l'élan de la vérité.

« Or, c'est la vérité et la vérité tout entière
« que je veux faire entendre à votre ma-
« jesté.

« Eh quoi! sire, c'est lorsque l'opinion
« constitutionnelle est si fortement pronon-
« cée en France; c'est lorsque toutes les in-
« trigues, toutes les prévarications électora-
« les des délégués de votre majesté dans les
« provinces, n'ont pu empêcher que cette
« opinion se manifestât si énergiquement
« dans les dernières élections; c'est lorsque

« la chambre élective a dans son sein l'élite
« des organes de cette opinion ; c'est lorsque
« la France demande à votre majesté le
« renversement d'un système prévaricateur,
« la formation d'un ministère qui soit en
« harmonie avec ses vœux et ses besoins;
« c'est lorsque les choses sont dans un
« état qui commande si impérieusement
« d'arborer franchement et vite les couleurs
« de la Charte, de prévenir une catastrophe
« en calmant les esprits déjà trop irrités, en
« tranquillisant le pays déjà trop en émoi;
« c'est lorsque les choses sont dans cet état,
« que l'on ose proposer à votre majesté de
« composer un ministère dans lequel entre-
« raient les Blacas, les Polignac, les La Bour-
« donnaye!...

« Sire, on peut honorer, on peut esti-
« mer, comme hommes privés, ces chefs
« du parti de la contre-révolution ; mais il
« faut se hâter de les repousser, lorsqu'ils se
« présentent comme hommes politiques,
« lorsqu'ils osent prétendre à siéger dans les
« conseils de votre majesté.

« Un ministère composé d'hommes de

« cette couleur politique, de ces hommes
« pour lesquels on sait que la Charte fut,
« est, et sera toujours un objet de mépris
« et d'horreur; qui ne l'ont jamais considé-
« rée que comme la planche qui a sauvé
« votre famille d'un grand naufrage, et à
« l'aide de laquelle elle a vu la fin d'un exil
« qui menaçait d'être éternel; qu'il faut bri-
« ser une fois entré dans le port; un minis-
« tère, dis-je, composé de pareils hommes,
« renfermerait dans son sein tous les élémens
« d'une nouvelle révolution, qui serait
« courte, mais terrible, mais sans retour,
« peut-être, dans ses conséquences, pour
« ceux qui auraient eu la fatale imprudence,
« l'orgueilleuse stupidité de la provoquer
« par le retour à un ordre de choses qu'il est
« désormais impossible de rétablir en France;
« car, pour cela, il faut lacérer le seul con-
« trat qui lie un grand peuple à son roi.....

« Aux bruits sinistres que je viens de rap-
« porter, on en ajoute un autre:

« On dit, sire, que votre majesté s'est
« opposée, dans le dernier conseil, à la
« proposition qui aurait été présentée de

« faire exécuter les lois du royaume contre
« les congrégations et les couvens d'hom-
« mes...

« Je réponds, sire, à ceux qui répètent ce
« bruit, que cela n'a pu avoir lieu; car c'eût
« été, de la part de votre majesté, un acte de
« rébellion aux lois du royaume, auxquelles,
« cependant, sa dignité royale, et la préroga-
« tive dont elle l'environne, n'empêchent
« pas qu'elle soit implicitement soumise
« comme tous les Français; car il est seul
« dispensé du respect et de l'obéissance à la
« loi, celui-là qui la fait seul, parce que,
« alors, c'est sa volonté, et sa volonté der-
« nière, qui est la loi existante.

« Or nous ne sommes pas dans l'espèce;
« nous vivons sous un autre régime. Votre
« majesté propose la loi; elle peut suspen-
« dre l'exécution de celles qui n'ont pas été
« promulguées; mais elle ne fait pas la loi;
« mais elle n'a pas le droit de suspendre
« l'exécution de celles qui ont pris place
« dans notre Code.

« Cela est si vrai, sire, que si les tribu-
« naux, moins remplis de déférence pour

« votre majesté, voulaient user, comme ils
« en ont le droit, du pouvoir légal dont ils
« sont investis, ils pourraient, armés de la
« loi, et de la preuve qu'il existe en France
« des corporations religieuses, des ordres,
« des établissemens monastiques que nos
« lois ont prohibés, dont elles ont ordonné
« la suppression, l'expulsion hors du royau-
« me; ils pourraient, dis-je, prononcer, or-
« donner l'exécution des lois existantes, et
« assurer cette exécution par tous les moyens,
« voire même l'emploi de la force publique,
« que la législation met à leur disposition, ou
« qu'elle soumet à leur réquisition.

« Mais, sire, que ce dernier bruit soit vrai,
« ou qu'il soit mensonger, l'hypothèse qu'il
« peut être vrai, que votre majesté a pu for-
« mer une pareille opposition, est déjà un
« grand malheur; car la conséquence en est,
« pour l'opinion publique, que votre ma-
« jesté est disposée à protéger le parti-prêtre;
« que l'on est loin d'être assuré qu'elle ne
« favoriserait pas ses envahissemens, qu'elle
« ne lui sacrifierait pas nos libertés.

« Or, de cette opinion à une complète dés-

« affection, il n'y a qu'un pas; et de cette
« désaffection à un sentiment plus fâcheux,
« à des dispositions plus hostiles, l'espace est
« encore plus court.

« Sire, peut-être que ceux qui osent pro-
« poser à votre majesté de composer un mi-
« nistère pris dans les rangs de la contre-ré-
« volution, s'appuient sur ce qui vient de se
« passer en Angleterre.

« L'exemple serait mal choisi et ne serait
« que trompeur.

« Et d'abord, le ministère qui vient de se
« former chez nos voisins d'outre-mer n'est
« pas entièrement composé de *torys*; car, à
« côté de quelques-uns de ceux-ci, on voit
« les plus ardens défenseurs des institutions
« et des libertés du pays. C'est un ministère
« de fusion ou de coalition, et non un mi-
« nistère qui assure le triomphe des doctri-
« nes de l'aristocratie anglaise.

« Mais la différence est grande entre l'An-
« gleterre et la France. Là les institutions ont
« poussé des racines que la main du plus
« fougueux despotisme ne pourrait arracher
« de ce sol classique de la liberté.

« Or la nation anglaise n'a rien à craindre,
« pour ses droits, de la présence dans les
« conseils du prince, de quelques membres
« de l'aristocratie; elle peut donc, à la vue
« de cette composition hétérogène d'un mi-
« nistère qui n'aura, d'ailleurs, qu'une exi-
« stence éphémère conserver tout son calme
« et toute sa dignité.

« En France, au contraire, la Charte de
« Louis XVIII, ce pacte que, généreux et
« prudent législateur, il offrit à son peuple
« comme un gage d'alliance, n'a point en-
« core été empreint du caractère inviolable
« que les siècles ont imprimé sur la Charte
« anglaise. Reçue avec enthousiasme par les
« classes intermédiaires et par le peuple,
« notre Charte a toujours eu pour ennemis
« les hommes pour lesquels l'égalité politique
« est un outrage fait à leur orgueil.

« Si donc votre majesté confiait à cette
« classe d'hommes l'exécution des conditions
« que ce pacte renferme, il est hors de doute
« qu'ils l'éluderaient; qu'ils conseilleraient à
« votre majesté de le modifier, au moyen
« d'une législation qui en altérerait et le texte

« et l'esprit, comme l'ont déjà fait, et le pro-
« jet, non abandonné, peut-être, de la loi
« sur le droit d'aînesse, et la loi du sacrilége,
« et la loi des élections, et la loi sur la presse,
« lois qui sont toutes autant d'infractions lé-
« gales à la loi qui doit être toute la loi des
« Français, en même temps qu'elles sont un
« outrage à nos mœurs.

« Alors, sire, qu'arriverait-il? Il arriverait
« que la presque généralité des Français se-
« rait en état flagrant d'hostilité avec les
« hommes de votre conseil, c'est-à-dire, avec
« votre majesté elle-même. Car, croyez-le
« bien, sire, une nation qui a goûté de la
« liberté légale, qui l'a reçue comme la res-
« titution d'un droit, et non comme le prix
« de sa soumission à une dynastie qu'elle
« avait méconnue, oubliée pendant trente
« ans; cette nation ne souffrirait pas qu'on
« voulût, de nouveau, la façonner aux allu-
« res du despotisme, qu'on la parquât dans
« d'humiliantes classifications, que l'on en-
« graissât, du fruit de son labeur, cette
« tourbe de courtisans, qui ne flattent les
« rois que pour leur arracher, pour le

« peuple, des fers, pour eux des riches-
« ses.

« Sire, il n'est pas plus possible de sou-
« mettre la France à un ministère pris dans
« les rangs des hommes dont il est ici ques-
« tion, que de conserver tel qu'il est celui
« créé par l'ordonnance du 4 janvier. L'un
« porterait l'exaspération dans les esprits, et
« attirerait sur le pays et sur le trône de votre
« majesté, les plus grandes calamités. L'au-
« tre est, par le peu d'homogénéité dans les
« opinions connues, dans les vues politiques
« de ses membres, dans l'impuissance abso-
« lue de faire le bien qui est devenu si né-
« cessaire, si urgent; à moins que votre ma-
« jesté ne le lui indique elle-même, et qu'elle
« ne lui fasse une loi d'exécuter tout ce qui
« avait été réglé, convenu, entre M. le comte
« de Villèle et moi; tout ce que j'ai rappelé
« dans le projet de manifeste dont j'ai parlé
« à votre majesté dans mon premier mé-
« moire.

« Je l'ai déjà dit à votre majesté, sire,
« dans ce premier mémoire : la France vou-
« lait bien moins le changement des indivi-

« dus que le changement du système poli-
« tique sous lequel elle vivait opprimée.

« Or, les individus ont été changés, et le
« système reste stationnaire; et aucune me-
« sure répressive des grands attentats dont
« s'est rendue coupable la faction ennemie
« des libertés légales de la France, n'a été
« prise ; aucun acte réparateur des maux
« dont le pays a tant souffert, n'a été exé-
« cuté : car peut-on appeler de ce nom la
« réparation de quelques injustices particu-
« lières, d'ailleurs en si petit nombre? Cette
« réparation est bien quelque chose pour les
« individus qui avaient éprouvé ces injusti-
« ces ; mais elle n'est rien pour le pays ;
« elle ne prouve qu'une chose : c'est que
« l'homme, le ministre qui a réparé ces in-
« justices connaît l'opinion qui domine en
« France; c'est qu'il est un homme adroit;
« c'est qu'il désire rester au pouvoir, survi-
« vre à ceux qui y sont entrés avec lui, et
« qu'il sent que le moyen de se ménager
« l'opinion publique, qui seule devrait dé-
« terminer les choix de votre majesté,

« c'est de faire, autant qu'il en a le mo-
« yen, autant que le lui permettra la fac-
« tion qui domine encore et beaucoup dans
« nos affaires, ce que cette opinion indique,
« ce qu'elle demande, ce qu'elle impose aux
« hommes que votre majesté appelle à la
« direction du gouvernement.

« On sait gré à cet homme, à ce ministre,
« du bien qu'il a fait; mais on voudrait être
« assuré qu'il l'a fait, non par calcul, mais
« par respect pour les principes de justice
« et d'équité qui doivent le guider ; mais
« parce que sa probité politique l'y a déter-
« miné : car celui-là seul de vos ministres,
« sire, en qui on reconnaît des principes et
« des doctrines constitutionnelles, aura le
« respect et la confiance de la nation.

« Il est impossible, sire, que la véritable
« disposition des esprits soit connue de vo-
« tre majesté; car, si elle la connaissait, sans
« doute elle ferait, elle ordonnerait de faire
« ce qu'il faut que l'on fasse pour arrêter
« l'élan d'hostilité qu'ils ont pris.

« Or, je vois que chaque jour, depuis

« votre avénement au trône, des hommes
« perfides vous conseillent, au contraire, les
« mesures les plus capables de vous aliéner
« les cœurs des Français.

« Sans doute, ces hommes ne manquent
« pas de dire à votre majesté que la nation
« est heureuse, dévouée, qu'elle vous aime....

« Oui, sire, la France est fidèle; elle l'est
« aux lois qui la régissent; elle l'est, elle le
« sera toujours au serment de fidélité qu'elle
« a fait à votre majesté par l'organe de ses
« mandataires.

« Mais j'oserai dire à votre majesté qu'elle
« n'est pas heureuse...; et cependant son dé-
« vouement ne peut naître que de son bon-
« heur.

« Quant à son amour, dont on donnerait
« l'assurance à votre majesté, ah! plût à Dieu,
« sire, que vous l'eussiez tout entier! Les
« Français ne seront jamais plus heureux que
« lorsqu'ils éprouveront ce dernier sentiment
« pour leur souverain. Mais j'oserai dire à votre
« majesté que cette assurance qu'on lui donne
« est trompeuse; qu'elle n'est aujourd'hui
« qu'une fiction introduite dans le langage des

« courtisans, ou dans les discours obligés de
« vos ministres; et que la nation, respectueuse
« et fidèle, n'est point entraînée vers votre
« majesté par ce sentiment, si doux pour le
« prince qui l'inspire et pour le peuple qui
« le ressent, qui faisait voler tous les cœurs
« au-devant de votre aïeul Henri IV.

« A Dieu ne plaise, cependant, que dans
« un écrit où je ne veux rassembler que des
« vérités, je dise à votre majesté que la na-
« tion la hait....! Non; sire, la nation ne vous
« hait pas; elle n'éprouve pas pour votre
« majesté ce sentiment pénible, douloureux;
« mais elle est, il faut le dire, à votre égard,
« dans un état parfait d'indifférence. Elle ne
« peut pas vous aimer, sire, comme homme
« privé; car vous n'êtes pour elle qu'un hom-
« me public, un être de raison politique,
« une abstraction sociale qu'elle cherche sur
« le trône et qu'elle n'aperçoit, qu'elle ne
« reconnaît qu'aux actes qui émanent de sa
« puissance, ou qui sont la conséquence de
« la manière dont cet être, pour elle pres-
« que'intellectuel, envisage le grand code qui
« la régit; le résultat de son respect ou de

« son mépris pour ce code, qui est aujour-
« d'hui, il faut le répéter, pour tous les peu-
« ples soumis à une monarchie constitution-
« nelle, la condition *sine quâ non* de la lé-
« gitimité de tous les droits.

« Il suit de là, sire, que cette nation vous
« aimera jusques à l'adoration, si vous res-
« pectez ses droits ; si vous étudiez ses vœux,
« ses besoins ; si vous vous appliquez à les
« satisfaire.

« Mais il s'ensuit également, et avec non
« moins de force et de vérité, qu'elle aurait
« pour vous des sentimens opposés, et qu'elle
« les manifesterait en vous abandonnant
« aux périls d'une révolution, peut-être, alors
« devenue inévitable, si, vous laissant en-
« traîner par de perfides conseils, vous vou-
« liez essayer de lui arracher le beau pré-
« sent avec lequel un prince législateur, d'un
« grand sens et de beaucoup d'esprit, s'est
« présenté aux Français ; si vous vouliez vous
« mettre vous-même en état d'hostilité con-
« tre elle ; si, au mépris de la foi jurée lors
« de votre avénement au trône, et le jour que
« votre majesté reçut l'onction sainte, vous

« vouliez faire administrer le pays par les
« hommes de la contre-révolution, et livrer
« la nation à toute l'ambition, à toute la
« fureur de la faction jésuitique, que l'on
« croit, non sans raison, peut-être, si favo-
« risée à la cour.

« A ce propos, sire, je dirai à votre ma-
« jesté que, dans la conférence que j'ai eue
« le 17 du mois de décembre dernier (1) avec
« M. le président du conseil d'alors, il fut
« question de ce soupçon qui est déjà, à lui
« seul, un malheur, parce qu'il désaffectionne
« totalement une nation dont il faudrait que
« votre majesté eût tout l'amour.

« Dans cette conférence, M. le comte de
« Villèle, qui me parla le premier du repro-
« che que l'on faisait à votre majesté de pro-
« téger, de favoriser les jésuites, me parut

_____

(1) « L'objet de cette conférence fut la formation
« d'une administration nouvelle, dont tous les mem-
« bres auraient été pris dans les rangs de l'opposition
« constitutionnelle dans les deux chambres. M. le
« comte de Villèle y avait donné son libre et franc
« consentement au nom de votre majesté. »

« vivement pénétré du danger qui était atta-
« ché à un pareil soupçon. Il me dit ces
« paroles remarquables : *Les choses* (la haine
« de la nation pour la faction jésuitique) *en
« sont venues à ce point, que des accusations
« ont atteint la personne du roi, dont on mé-
« connaît, dont on calomnie les intentions.
« Ce m'est donc un devoir, comme premier
« ministre de sa majesté, de faire taire ces
« accusations. Pour cela nous prendrons
« des mesures pour que ces religieux n'exis-
« tent plus en France comme corporation,
« pour qu'ils n'y aient plus aucun établisse-
« ment.*

« Vous le voyez, sire, le chef de votre
« conseil d'alors, l'homme de votre con-
« fiance et qui vous est si dévoué, M. le comte
« de Villèle a vu le mal là où il est; il l'a vu
« dans la désaffection de la nation à l'égard
« de son roi; il l'a vu à la cour; et il avait ré-
« solu d'en arrêter les effets, de préserver de
« ses résultats et la nation et le trône.

« Ah! pourquoi tout ce qui fut arrêté,
« entre ce ministre et moi, dans cette grave
« conférence, n'a-t-il pas été exécuté? pour-

« quoi votre majesté n'a-t-elle pas formé, à
« côté de M. le comte de Villèle (car je suis
« du petit nombre des hommes raisonnables,
« sans passions, clairvoyans, qui trouvent
« utile, convenable, sage même, que le chef
« de votre conseil soit l'homme de votre cœur
« et de votre confiance) un ministère émi-
« nemment constitutionnel? pourquoi votre
« majesté n'a-t-elle pas tranquillisé ses vieux
« jours, en donnant cette satisfaction à la
« France, et en la lui annonçant par le ma-
« nifeste dont j'ai déjà parlé?

« Alors, sire, que de maux, que de
« dangers, qui seraient inévitables si votre
« majesté se laissait aller aux instigations
« du parti jésuitique et de la contre-ré-
« volution; que de maux, que de dangers
« auraient été épargnés au pays, à votre ma-
« jesté, à sa famille, qui compte déjà un quart
« de siècle passé dans les souffrances, sur la
« terre de l'exil!

« Sire, j'ai parlé à votre majesté, du 21
« janvier, du 20 mars, de Sainte-Hélène. Joi-
« gnez à ces douloureux souvenirs celui de
« Jacques II et des Stuarts..... Ces exemples

« terribles seront-ils donc toujours une vaine
« leçon?

« Certes, sire, je ne suis pas de ceux qui
« croient religieusement que les journaux
« sont les organes toujours fidèles de l'opi-
« nion publique. Je dis, au contraire, que
« presque toujours ils en forcent l'expres-
« sion. Cependant, il ne faut pas être sourd
« à leurs manifestations; encore moins faut-il
« mépriser les déclarations qu'ils livrent à
« l'avide curiosité de leurs lecteurs. Pour
« être souvent exagérés, leurs dires ne ren-
« ferment pas moins un principe de vérité,
« auquel la prudence commande de prêter
« une sérieuse attention.

« Or, voyez, sire, comment ils s'expriment
« à l'égard des bruits qui circulent sur la
« formation d'un ministère qui serait com-
« posé de *Torys* français, de jésuites ou de
« leurs adhérens..... Voyant que votre ma-
« jesté ne se décide pas à n'appeler dans son
« conseil que des hommes qui soient vérita-
« blement constitutionnels, ils appellent
« de tous leurs vœux un pareil ministère.....

« Pourquoi cela? parce qu'ils savent tout

« le mal que ce ministère voudrait faire au
« pays, les atteintes qu'il aurait la témérité
« de porter à nos institutions; et parce
« qu'ils espèrent, non sans fondement, il faut
« bien l'avouer, que de ce mal même, déjà
« porté à l'excès, sortirait une entière déli-
« vrance.

« Or, qu'entendent-ils par cette entière
« délivrance, qui est leur dernier espoir?
« Ces mots seront mal traduits par des cour-
« tisans, par des flatteurs. Moi, je les traduis
« d'après la connaissance que j'ai acquise
« de la disposition des esprits, *la fin du* STATU
« QUO *politique, une de ces fins terribles qui*
« *amènent le renversement de l'ordre établi,*
« *la chute des plus vieilles dynasties au pro-*
« *fit d'une dynastie nouvelle, qui*, je l'ai déjà
« dit à votre majesté dans mon premier mé-
« moire, *aurait pour elle toutes les idées du*
« *jour, qu'elle cultive, qu'elle flatte par calcul*
« *ou par sentiment, et qu'elle admet comme*
« *points de doctrines politiques.*

« Et n'allez pas, sire, tirer de tout ce que
« je viens de dire, cette fausse et doulou-
« reuse conséquence, que les Français ont

« déserté, ou qu'ils sont prêts à déserter la
« cause de votre famille; qu'ils n'ont pour
« votre majesté que des sentimens haineux...
« Si vous pensiez cela, sire, vous ajouteriez
« un grand chagrin aux embarras de votre
« position présente; car le plus grand cha-
« grin que puisse, que doive éprouver un
« roi, c'est, sans contredit, de se croire haï
« des peuples qu'il gouverne.

« Non, sire, les Français ne vous haïssent
« pas, et je me plais à le redire; ils ne de-
« mandent ni la chute du trône du haut du-
« quel votre majesté règne sur eux, ni un
« troisième exil... Ils vous aimeront, au con-
« traire, ils vous chériront, ils seront à vos
« pieds dès que vous aurez mieux compris
« leurs vœux, satisfait à leurs besoins; dès
« que votre majesté aura composé un mi-
« nistère d'hommes dont les opinions politi-
« ques soient homogènes avec nos institu-
« tions; dès que votre majesté aura donné
« à ce ministère l'ordre de faire exécuter les
« lois du royaume à l'égard des jésuites, ainsi
« que cela avait été résolu, je ne saurais trop

« le répéter, entre M. le comte de Villèle et
« moi, de conformer toutes nos lois à la
« lettre et à l'esprit de notre loi fondamen-
« tale, la seule à laquelle, je dois le répéter en-
« core, les Français veulent désormais obéir,
« et qui est aussi le seul lien qui puisse les
« unir à leur roi.

« Sire, il faut le dire, parce que cela est
« vrai, parce qu'il est bon que votre majesté
« le sache : le charme, le prestige de la
« royauté n'existent plus en France. Ils n'é-
« taient que le résultat d'une fantasmagorie
« politique, dont les lumières ont totale-
« ment détruit l'illusion.

« Une seule chose peut, aujourd'hui, en-
« vironner le trône d'une espèce de culte :

« C'est de voir le prince qui l'occupe être,
« plus que les peuples, soumis à son admi-
« nistration, soigneux de conserver intacte
« la loi du pays, d'en exiger l'exécution pleine
« et entière.

« C'est de voir ce prince heureux et fier de
« régner sur une nation qui veut être libre,
« et combattre lui-même les ennemis de sa

« liberté légale, au lieu de s'en entourer, de
« les combler de ses graces, de ses faveurs,
« de les appeler dans son conseil.....

« Hors de là, sire, il n'y a plus, de la part
« des Français, cela est vrai, que désaffec-
« tion, indifférence, et que sais-je? un désir
« vague de voir leurs destinées remises ou
« passer dans les mains d'un pouvoir dont
« les idées et la volonté seraient plus en har-
« monie avec les désirs, les idées et les besoins
« du siècle.

« Sire, peu d'hommes oseront parler à
« votre majesté un pareil langage, que blâ-
« meront fièrement, qu'accuseront, peut-
« être, de manque de respect, de rébellion
« à la puissance royale, les courtisans et les
« hommes du pouvoir, et surtout ceux qu'à
« mon tour j'accuse de nourrir de sinistres
« projets.

« La vérité, sire, a peu d'apôtres lors-
« qu'il s'agit de la faire entendre aux rois.
« C'est que peu d'hommes possèdent au de-
« gré nécessaire cette force de volonté, cet
« élan de l'ame, cette énergie de caractère,
« cette noble franchise, qui donnent le cou-

« rage de dire aux princes les vérités qu'ils
« ont besoin d'entendre. C'est aussi que peu
« d'hommes osent secouer le joug de ce que
« l'on nomme les convenances de cour, pour
« faire parvenir ces vérités jusqu'à l'oreille
« des rois. C'est encore que peu d'hommes
« sont assez grands, assez généreux pour
« exposer leur repos aux chances d'une dé-
« marche qui, sous le régime auquel de stu-
« pides ambitieux voudraient ramener la
« France, eût été environnée des plus grands
« périls, mais qui, au temps où nous vivons,
« est protégée par la prérogative du régime
« constitutionnel. C'est, enfin, que peu
« d'hommes veulent se dévouer pour le salut
« du pays et du trône.

« Un ministre de feu sa majesté Louis XVIII,
« qui avait préparé et rendu faciles les voies
« de la restauration (1), disait à ce prince
« ces choses remarquables, et qui, bien
« qu'écrites il y a plus de douze ans, sem-
« blent si applicables à notre situation ac-
« tuelle !

---

(1) Le duc d'Otrante.

« Tout gouvernement absolu aurait les Fran-
« çais pour ennemis.

« Dans l'Alsace, la Lorraine, les Trois-
« Evêchés, les Ardennes, la Champagne, la
« Bourgogne, la Franche-Comté et le Dau-
« phiné, une opposition morale au gouver-
« nement de la dynastie royale est presque
« générale.

« Les constitutionnels révèrent le principe
« de la légitimité; mais ils veulent que les
« doctrines de la constitution soient respectées.
« Ils seront toujours les plus ardens censeurs
« des mesures, des actes de l'autorité. Quand
« une pareille lutte s'établit et quand on par-
« vient à y associer la multitude, une révolu-
« tion n'est pas éloignée.

« Une demi-liberté, des concessions par-
« tielles paraîtraient aussi insupportables que
« le pouvoir absolu ; elles exciteraient les mê-
« mes commotions.

« Aucune conspiration particulière ne me-
« nace en ce moment votre majesté ; mais on
« peut concevoir dans la pensée une conspi-
« ration d'un succès infaillible : ce serait celle
« d'un ministère ou d'un parti de la cour qui,

« *par l'erreur la plus grossière, ou par un*
« *aveugle dévouement à la cause royale, con-*
« *seillerait ou favoriserait un plan de contre-*
« *révolution.....* Tout plan de cette nature
« renverserait de nouveau le trône avec fra-
« cas et détruirait, peut-être, jusqu'a la
« dernière espérance de la dynastie de nos
« rois.

« *Les destinées de la France ne sont pas*
« *dans les seules mains de votre majesté. De*
« *fatales préventions se sont établies. On a*
« *fait craindre à un peuple que l'on a rendu*
« *défiant, les règnes qui suivront celui de*
« *votre majesté : on se demande si l'on sera*
« *toujours gouverné avec la même modération;*
« *si l'on opposera toujours une barrière in-*
« *violable aux prétentions nobiliaires, au re-*
« *tour de l'ancien régime;* si les principes
« religieux s'uniront toujours a la même
« tolérance..., *etc.*

« *Toute dispute sur des principes de l'éga-*
« *lité politique, de la liberté constitution-*
« *nelle excitera des troubles, parce qu'il s'a-*
« *gira d'une dispute pour ou contre l'opinion*
« *publique.*

« *Toute union, toute paix intérieure se-*
« *raient impossibles avec des plans de réac-*
« *tion.* — *On ne peut pas prévoir le résultat*
« *d'une réaction politique. Dès qu'une goutte*
« *de sang vient de couler, il n'y a plus au-*
« *cune certitude qu'il n'en sera pas versé par*
« *torrens.....*

« Sire, je terminerai ce mémoire, en sup-
« pliant votre majesté d'être bien persuadée
« que ce n'est pas sans éprouver une vérita-
« ble peine que j'ai rassemblé et mis sous
« ses yeux les tristes vérités qui y sont ex-
« primées.

« J'aurais bien voulu lui parler un langage
« plus flatteur, mais j'ai dû, j'ai voulu être
« vrai : c'est ce qui explique l'austérité de cet
« exposé.

« Je sais bien que j'aurais pu, en gardant
« le silence, épargner à votre majesté une
« lettre affligeante. Mais si le danger est réel,
« s'il est pressant, il y a plus de mérite à
« avoir vaincu la répugnance que j'éprouvais
« d'abord à dire à votre majesté des choses
« qui devaient l'attrister, qu'il n'y en eût eu
« dans un respectueux silence, lequel aurait

« laissé le mal inaperçu et entretiendrait votre
« majesté dans une dangereuse sécurité.

« J'ai donc cru, sire, que je prouverais
« d'autant plus mon dévouement à votre ma-
« jesté, que je lûi cacherais moins la vérité;
« car, qu'il me soit permis de le répéter, sire :
« on sert mal les rois, en la leur taisant, en ne
« leur faisant pas connaître la véritable dis-
« position à leur égard des peuples sur les-
« quels ils règnent; en ne leur parlant sans
« cesse que de l'amour, de la fidélité de ces
« peuples, lorsque des fautes de gouverne-
« ment, des crimes d'état ont pu faire éclore
« et développer en eux des sentimens tout
« différens.

« Quelle que soit, sire, l'impression que
« ce mémoire fera sur l'esprit de votre ma-
« jesté, je la conjure de le considérer comme
« l'œuvre d'un homme qui voudrait pouvoir
« contribuer à garantir son pays et le trône
« des bouleversemens auxquels les expose-
« rait inévitablement l'entrée dans le con-
« seil de votre majesté d'hommes qui ne
« seraient pas connus pour professer les doc-
« trines constitutionnelles, et qui y apporte-

« raient une manière de gouverner en oppo-
« sition avec ces doctrines.

« Je suis, sire, etc. »

J'envoyai ce mémoire au roi avec les mêmes précautions que celles dont j'avais usé en envoyant le premier. Il parvint, sans aucun doute, à sa royale adresse... Je veux dire, à M. le premier gentilhomme de la chambre. Mais rien ne me l'annonça; je ne reçus, cette fois, aucune lettre de la cour qui m'en donnât l'assurance.

Je fus blessé de ce silence, contre lequel s'élevait la gravité de la matière. J'y vis une espèce de censure, que ceux à qui l'étiquette donne le droit de lire tout ce que l'on écrit au roi, avant de le mettre sous les yeux de sa majesté, s'étaient permis de prononcer contre ce mémoire. Je comprenais que plusieurs courtisans pussent se trouver blessés des réflexions, des vérités dures qu'il contenait, puisque j'y disais au roi qu'il fallait bien se garder de les appeler à la direction de nos affaires; mais je ne comprenais pas, tant je connais mal la cour et les libertés qu'on s'y permet envers le prince, qu'ils eussent cru pouvoir s'arroger le droit de retenir un écrit qui ne leur était pas adressé, de le soustraire à l'attention royale.

Je voulus donc m'en expliquer avec M. le duc Charles de Damas. En conséquence, je lui écrivis la lettre suivante :

« Paris, le 8 février 1828.

« Monsieur le duc,

« Le 3 de ce mois, j'ai eu l'honneur d'a-
« dresser au roi un second mémoire sur la
« situation des esprits et de nos affaires pu-
« bliques.

« Je m'attendais, d'une part, que vous au-
« riez la bonté de me prévenir, ainsi que
« vous l'avez fait pour le premier, que vous
« l'aviez mis sous les yeux de sa majesté.

« De l'autre, que le roi, après avoir lu ce
« mémoire, vous aurait chargé de m'annon-
« cer que cette preuve de mon zèle avait été
« agréable à sa majesté.

« Mon attente a, jusqu'à ce jour, été
« trompée.....

« Je repousse l'idée que, vu l'austérité,
« la franchise de mes paroles, vous avez jugé
« à propos, monsieur le duc, de retenir ce
« mémoire, et de le soustraire ainsi à l'atten-
« tion de sa majesté; car c'eût été, permet-
« tez-moi de vous le dire, manquer à la fidé-
« lité qui est le premier devoir des personnes
« nes qui sont placées comme intermédiai-
« res nécessaires entre les Français et le roi,
« et je vous crois trop homme de bien, trop
« ami du monarque pour lui céler des vérités
« qu'il est utile qu'il entende, par cela
« qu'elles seraient sévères et de nature à at-
« trister son cœur.

« J'écarte également la pensée que les vé-
« rités, les réflexions hardies, austères, que
« j'ai rassemblées dans ce mémoire, ont dé-
« plu à sa majesté; car l'aveu de ce déplaisir
« accuserait des intentions qu'il importe au
« salut du trône, à la paix du pays que l'on
« croie conformes aux doctrines constitu-
« tionnelles, vers lesquelles je ne me suis
« efforcé de ramener l'attention du roi, que
« parce que je considérais la profession de
« foi de sa majesté, sur ce point, comme le

« seul moyen de faire taire la défiance, et de
« calmer les inquiétudes et l'irritation des
« esprits.

« Le discours du trône a heureusement,
« quoique faiblement, satisfait à ce besoin,
« ce qui prouve peut-être l'utilité de mon
« premier mémoire, que j'avais envoyé à plu-
« sieurs ministres de sa majesté, ainsi qu'à
« monseigneur le dauphin, et à M. le comte
« de Villèle.

« Cependant, M. le duc, votre silence,
« comme organe du roi, dans cette occur-
« rence, celui de sa majesté seraient une
« étrange manière de reconnaître le dévoue-
« ment qui m'a guidé dans les graves cir-
« constances où nous nous trouvons ; les-
« quelles exigent, plus qu'on ne le pense à
« la cour, que des preuves d'un pareil dé-
« vouement soient données à sa majesté.

« Ainsi, l'on mettrait à profit mes avis (le
« discours de la couronne le prouve), on sui-
« vrait mes conseils, au moins en partie, et
« l'on ne daignerait pas m'adresser un témoi-
« gnage de satisfaction....!

« Ainsi un dédaigneux silence, que sais-je?

« quelque chose de pire, peut-être, seraient
« le prix de mon zèle, de ma loyauté, du ser-
« vice que j'ai voulu rendre au roi, que je lui
« ai rendu en éclairant sa majesté sur la si-
« tuation des esprits, sur les dangers qu'il y
« aurait à ne pas faire ce que l'opinion domi-
« nante, ce que la presque généralité des
« Français réclament.....!

« Qu'importe? j'ai rempli un devoir, j'ai
« fait l'œuvre d'un homme de bien; elle a
« déjà eu un heureux résultat. Si les actions
« répondent aux paroles, à des engagemens
« solennels; la tranquillité, la sécurité du
« trône, auxquelles je pourrai peut-être me
« flatter d'avoir contribué, seront ma récom-
« pense.

« J'ai l'honneur, etc. »

La session était ouverte. Le discours du trône avait ajouté à la solennité de cette circonstance par les paroles pleines d'heureuses espérances qu'il contenait. Il était, je l'ai déjà dit, et l'on a pu le remarquer, une paraphrase un peu pâle, il est vrai, du projet de proclamation que j'avais envoyé au roi le 27 décembre. Quelques-unes de ces paroles parurent obscures, ambiguës aux meilleurs esprits...... Je crus devoir le faire remarquer à S. A. R. monseigneur le dauphin dans la lettre que voici, afin que la franchise des actes rectifiât plus tard l'ambiguité des paroles :

« Paris, le 8 février 1828.

« Prince,

« Dans une circonstance récente encore,
« qui était grave, et qui me fournit l'occasion
« de prouver mon zèle et mon dévouement
« pour les intérêts du pays et du trône, qu'il
« serait si dangereux de séparer, V. A. R.
« daigna me faire remercier du compte que
« je lui avais rendu d'une première action,
« d'une première démarche faite par moi pour
« ces grands intérêts, et m'inviter à la tenir
« exactement informée de tout ce que je fe-
« rais par la suite.

« Postérieurement, et mû par les mêmes
« sentimens, j'ai adressé au roi deux mé-
« moires sur la situation des esprits en France,
« sur le danger qu'il y aurait à ne pas calmer
« l'irritation dont ils étaient et sont peut-être
« encore agités.... J'ai osé dire des vérités aus-
« tères, parce qu'il était utile que sa majesté
« les entendît.... Le discours du trône, l'effet
« qu'il a produit, ont prouvé la sagesse de
« mes conseils.

« Puissent, monseigneur, les actes des
« ministres de sa majesté répondre à des pro-
« messes, à des engagemens solennels dont
« la France a pris acte ! La tranquillité du
« pays, la sécurité du trône dépendent de
« leur accomplissement.

« Toutefois, je ne tairai pas à V. A. R. que
« l'ambiguité de la dernière partie de ce dis-
« cours a mécontenté l'opinion.

« Dans le nombre des hautes questions
« d'administration publique, que le roi dit
« qu'on a signalées à sa sollicitude, sa ma-
« jesté a dû ranger (chacun le comprend
« ainsi) les questions relatives aux jésuites.

« Or, il n'y a nul besoin, à l'égard de ces
20

« religieux, d'approfondir ces questions, ni
« de se livrer à une discussion sur celle de
« savoir s'ils doivent être tolérés ou seule-
« ment établis en France, ou bien, au con-
« traire, s'ils doivent en être expulsés.

« La vérité que sa majesté espérerait voir
« sortir de cette discussion, laquelle ne sau-
« rait avoir lieu sans danger, sans armer les
« esprits de plus de défiance; cette vérité est
« toute dans les lois qui ont prononcé contre
« l'existence dans le royaume de ces reli-
« gieux, si funestes dans tous les temps aux
« états qui les ont accueillis. La question à
« leur égard est toute dans cette maxime,
« qui doit être sacrée pour tout le gouver-
« nement : respect aux lois, ce qui comprend
« encore ces mots : obéissance, exécution.

« Je m'estimerai heureux, prince, d'ap-
« prendre que j'ai été agréable à V. A. R., en
« rédigeant les deux mémoires que j'ai fait
« remettre à sa majesté, et en en envoyant
« des copies à V. A. R.

« Je suis, etc. »

CHAPITRE QUATORZIÈME.

SOMMAIRE.

M. Royer-Collard et autres blâment mes démarches. — Lettre à ce député. — Sa réponse.

J'avais appris que MM. Royer-Collard et quelques-uns de ses honorables collègues blâmaient toutes mes démarches. Le silence dont ce député avait accueilli l'envoi de mon premier mémoire, me prouva que l'on m'avait dit vrai. Je crus, néanmoins, devoir lui envoyer le second; mais je pris occasion de cet envoi pour lui adresser des observations sur le blâme dont j'étais l'objet. Voici ma lettre :

« Paris, le 8 février 1828.

« Monsieur,

« Je vous envoie une copie du second mé-
« moire que j'ai fait remettre au roi hier.

« J'ai lieu de croire que sa majesté a lu le
« premier (1), dont je vous ai également

---

(1) La lettre de M. le duc de Damas, en date de janvier 1828, que l'on trouvera aux pièces justificatives, semble me l'annoncer.

« adressé un exemplaire, et qu'elle lira en-
« core celui-ci.

« Vous voyez maintenant, monsieur, où
« nous a conduits le refus fait d'accepter
« neuf portefeuilles sur dix, à côté de l'hom-
« me (1) par lequel seul il eût été facile de faire
« comprendre au roi l'urgence de certaines
« mesures, qui étaient une des conditions ac-
« ceptées par ce président de l'ancien conseil.

« Qu'avons-nous au lieu de cela? Un minis-
« tère sans doctrines fixes, sans principes
« politiques arrêtés, sans homogénéité dans
« ses opinions, dans ses vues, mais non pas
« sans adresse (le discours de la couronne
« le prouve), et une marche plus audacieuse
« de la faction que M. le comte de Villèle
« avait reconnu la nécessité d'abattre, et dont
« il avait pris avec moi l'engagement de faire
« le sacrifice à la paix du pays.

« J'apprends avec chagrin qu'il est des
« hommes dans nos rangs, dans les vôtres,
« qui déversent le blâme et le ridicule sur ce
« que j'avais entrepris, sur ce que j'ai fait et,
« sans doute, aussi, sur ce que je fais.

---

(1) M. le comte de Villèle.

« Eh quoi! aux yeux de ces hommes,
« l'habit de député, une grande fortune, une
« haute position sociale ont-ils donc, seuls,
« le privilége, le droit de penser et d'agir sur
« et pour les intérêts publics?

« Est-on donc, au jugement de ces hom-
« mes, des *ilotes* ou des *parias* politiques,
« parce qu'on ne porte pas l'un, parce qu'on
« ne possède pas les autres?

« Ce serait là, monsieur, pour des hom-
« mes qui se disent libéraux, qui professent
« les doctrines de la liberté et de l'égalité
« politiques, créer une étrange aristocratie,
« et une singulière manière de reconnaître
« le zèle d'un bon citoyen qui sacrifie, depuis
« douze ans, son bien-être, sa carrière admi-
« nistrative, l'existence, le bonheur de sa fa-
« mille à ses doctrines, à ses principes, à ses
« opinions politiques; chose assez méritoire,
« cependant, de la part d'un homme qui,
« après avoir passé vingt années dans l'exer-
« cice des fonctions publiques, n'a pour
« toute fortune qu'un médiocre traitement
« de non-activité, et qui est, peut-être, d'é-
« toffe à parvenir, comme tant d'autres, aux

« grands emplois ; qui y fût parvenu, sans
« doute, si, comme tant d'autres, il eût
« voulu faire trafic de ses opinions, et tran-
« siger avec sa conscience politique.

« C'est, monsieur, il faut en convenir,
« une chose affligeante, que de voir des
« hommes qui siégent sur les bancs de l'op-
« position constitutionnelle, et qui passent,
« en dehors de la législature, pour être les
« soutiens de cette opposition, couvrir de
« ridicule des démarches qui apportaient au
« pays tout ce qu'il réclame du gouverne-
« ment, tout ce qu'il attend du zèle et du
« patriotisme de ses mandataires !

« Qu'ont-ils donc fait, ces hommes? Qui
« leur donne le droit de censurer des démar-
« ches aussi louables? Où sont les services
« qu'ils ont rendus, individuellement, au
« pays? les sacrifices qu'ils ont faits à ses in-
« térêts ?

« Certes, monsieur, si l'on eût accepté le
« traité d'alliance que j'avais pris sur moi de
« conclure, je croirais, vu les résultats qu'il
« aurait eus, avoir plus fait en cette cir-
« constance pour la chose publique, qu'ils

« n'ont, jusqu'à ce jour, fait eux-mêmes
« pour elle, qu'ils ne feront pendant toute
« la durée de leur carrière politique; car
« j'avais provoqué, obtenu le renversement
« du système anti-social qui pèse sur la
« France; et, par cela, je préservais notre
« patrie des orages, des crises, de la révolu-
« tion nouvelle auxquels elle est, peut-être,
« exposée.

« Mais je ne suis qu'un homme, qu'un an-
« cien fonctionnaire public rendu obscur,
« malheureux par les injustices ministériel-
« les; je porte la livrée de ma position; je ne
« paie pas le cens qui me donnerait le droit
« de prétendre à faire fleurdelyser le collet
« de mon habit.... Dès-lors, cela est évident,
« je n'ai aucun droit d'agir pour les intérêts
« publics.

« Quel pauvre raisonnement! Toutefois,
« comme je ne cède pas volontiers le pas à
« l'orgueil; comme je ne me rends jamais
« qu'à la raison, je ferai peu de cas de la cen-
« sure dont j'ai pu être l'objet, et je conti-
« nuerai à me dévouer pour la cause com-
« mune, me permettant de faire un vœu :
« c'est qu'il entre dans les résolutions, dans

« les démarches de mes censeurs autant de
« patriotisme et de désintéressement que
« dans les miennes; c'est que l'on en vienne
« à considérer les désirs, les besoins du pays,
« *abstraction faite des individus*; c'est que l'on
« ait, enfin, plus de dévouement que de
« haine, plus de bonne foi que de vanité,
« plus de désintéressement et de modestie
« que d'ambition et d'orgueil !

« Si les dispositions des hommes que l'o-
« pinion place à la tête de l'opposition con-
« stitutionnelle eussent été ce que je sou-
« haite qu'elles soient ou deviennent, nous
« n'en serions pas où nous en sommes; nous
« n'en serions pas à devoir militer contre
« un ministère qui, retenu par la faiblesse
« de quelques-uns de ses membres, par l'a-
« dresse et la courtoisie de quelques autres,
« ne fera qu'une bien faible partie de ce que
« l'opinion publique réclame, et réduits à
« faire de l'opposition, moins pour arracher
« de bonnes lois et les institutions qui nous
« manquent, que pour repousser les mau-
« vaises que l'on présentera, et pour défen-
« dre les institutions qui nous restent. Nous
« aurions, le parti constitutionnel aurait,

« avec le pouvoir, tout le gouvernement
« du pays; l'affreux système sous lequel la
« France gémit depuis si long-temps serait
« renversé; notre pauvre France respirerait
« enfin.

« Qu'a-t-il fallu, monsieur, pour obtenir
« ces résultats? L'adhésion à une alliance que
« la prudence et une sage politique comman-
« daient d'accepter, et qui, proposée par
« moi au président de l'ancien conseil, avait
« été acceptée de bonne foi, quoi qu'en puis-
« sent dire certains esprits dont la défiance
« puérile ne peut être égalée que par leur
« malheureuse imprévoyance.

« Il est bien déplorable, monsieur, que
« l'on ait cru devoir la repousser! C'est, au-
« jourd'hui que l'on voit où cela nous a con-
« duits, l'opinion des meilleurs esprits.

« Je sais bien que cette alliance était, de
« prime-abord, difficile à concevoir, plus
« difficile encore à effectuer; que les plus
« graves comme les plus justes préventions
« semblaient la repousser; que l'on pouvait
« craindre de se compromettre en y adhé-
« rant : je sais tout cela; mais il ne fallait pas

« se prononcer *ab irato* comme on l'a fait;
« il fallait examiner la chose avec réflexion.

« Pour moi, qui avais imposé les condi-
« tions auxquelles cette alliance pouvait et
« devait être faite, et longuement conféré
« avec l'homme d'état qui l'acceptait, je sais
« que le pays eût non-seulement absous ceux
« qui y seraient entrés à ces conditions, mais
« encore, qu'il leur eût voué la plus grande
« reconnaissance.

« Car que demandait, que veut encore,
« que voudra toujours le pays?'

« Le renversement du système anti-consti-
« tutionnel sous lequel nous nous traînons.

« Or ce système eût cessé d'exister le
« jour que l'alliance eût été scellée par la
« remise de neuf portefeuilles, sur dix, aux
« hommes que j'avais désignés, et parmi les-
« quels, vous le savez, monsieur, j'avais cru
« devoir vous placer;

« Par le rapport de trois mauvaises lois(1);

« Par l'engagement, pris d'avance, et ré-

---

(1) La loi du sacrilége, celle sur les élections, celle sur la presse.

« pété en face de la nation, de présenter, dès
« la session qui allait s'ouvrir, toutes celles
« qui manquent au complément de nos insti-
« tutions;

« Par la suppression des corporations et
« des établissemens des jésuites ;

« Par l'éloignement des fonctions publi-
« ques des hommes qui étaient connus pour
« appartenir à la faction jésuitique;

« Enfin, par tout ce que la France désire:
« toutes choses que j'avais stipulées comme
« conditions, et qui, je l'ai déjà dit, avaient
« été acceptées de bonne foi et même avec
« empressement, AU NOM DU ROI.

« Ce n'est pas à vous personnellement,
« monsieur, que j'adresse les plaintes et les
« reproches qui ont trouvé place dans cette
« lettre, en ce qui me concerne. La haute ré-
« putation dont vous jouissez comme homme
« constitutionnel me fait penser que vous con-
« naissez trop bien les principes du gouverne-
« ment sous lequel nous vivons, et les droits
« constitutionnels de tous, pour que je puisse
« croire que vous êtes au nombre de ceux qui
« ont blâmé, censuré mes démarches. Mais tous

« les hommes qui marchent sous votre ban-
« nière ou tout auprès d'elle, ne sont pas doués
« de cette haute raison qui vous distingue.
« C'est donc à ceux, quels qu'ils soient, sur
« quelques bancs qu'ils siégent, qui ont cru
« pouvoir verser le blâme sur mes démar-
« ches, que je m'adresse ; c'est d'eux que
« je me plains.

« Maintenant, monsieur, que le bien
« que j'apportai a été refusé, et que le mal,
« un très grand mal a été fait, il faut
« aviser au remède.

« Dans la situation où l'on a placé les cho-
« ses, il n'en est qu'un selon moi :

« C'est de serrer nos rangs, de les rendre
« compactes et indivisibles ; de tout faire
« pour empêcher que le ministère, s'il ne
« se jette franchement dans les voies de la
« Charte, puisse avoir une majorité dans la
« chambre élective.

« Si nous obtenons ce résultat, le pays
« peut encore être affranchi.

« Mais si, ébranlés par les promesses qui
« sont faites par le discours du trône, quel-
« ques esprits faibles vont grossir le centre

« de la chambre, tout est perdu, monsieur;
« nous avons des fers septennaires, et cela
« est fort à craindre ; car ce n'est plus un
« endormi, mais un homme fort adroit et
« de beaucoup d'esprit qui dirige les affaires
« de l'intérieur, et qui dominera dans les
« discussions parlementaires............
« . . . .

« Je suis, etc. »

La lettre suivante que M. Royer-Collard m'écrivit, pour m'accuser la réception de mes mémoires au roi, ne me permit plus de douter de la nature de ses dispositions à mon égard. Le lecteur en jugera :

« Je vous accuse réception, monsieur,
« puisque vous le désirez, de votre second
« mémoire au roi; j'avais également reçu le
« premier. Je les ai lus l'un et l'autre AVEC
« L'ATTENTION QU'ILS MÉRITENT.

« J'ai l'honneur d'être, monsieur, votre très
« humble serviteur,

« ROYER-COLLARD.

» 17 février. »

Le laconisme de cette lettre de M. Royer-Collard, l'équivoque qui la termine, disent assez dans quelle disposition il était à mon égard en m'écrivant.

Il est évident que mes mémoires au roi lui ont déplu. Est-ce la démarche en elle-même, parce qu'il n'accorderait le droit de conseil, de remontrance qu'à des hommes revêtus de fonctions ou d'un caractère publics? Dans ce cas, je renverrai M. Royer-Collard et mes lecteurs à la lettre que je lui ai écrite le 8 février.

Sont-ce les principes, les doctrines constitutionnelles, le respect pour la Charte, la confiance en un peuple tout prêt à échanger cette confiance contre son amour, que j'ai recommandés au roi, est-ce tout cela qui a provoqué l'humeur de M. Royer-Collard? Mais qu'ont donc de blâmable, au jugement des hommes qui prennent le titre de constitutionnels, et la profession de sentimens pareils, et la liberté que je me suis permise de la recommander à S. M.? Je « conçois que tout cela ait déplu à des cour- « tisans; mais était-ce donc à M. Royer-Col-

« lard à le blâmer ?................
«........................... »

Ici se termine la narration que j'ai voulu faire de toutes les circonstances qui se sont placées entre l'époque des élections de 1827 et l'ouverture de la session de 1828.

CONCLUSION.

CONCLUSION.

Les faits que je viens de raconter se rattachent à un intérêt trop grand, trop général pour que je ne doive pas compter sur un très grand nombre de lecteurs.

Mes juges seront donc nombreux.

Ceux qui m'auront lu sans passion, et dans le seul désir de savoir la vérité sur tout ce qui s'est fait en décembre 1827, me sauront gré de la leur avoir dite.

Mais les hommes passionnés, ceux qui gâtent une belle cause en la défendant avec trop d'emportement, en la soutenant avec trop d'absolutisme; ceux-là me diront, sans doute, qu'en publiant cet écrit, j'attaque des réputations politiques que tant de précédens honorables semblaient mettre à couvert de tout soupçon; je jette de la défaveur sur des hommes que l'opinion publique est habituée à placer à la tête de l'opposition constitutionnelle; j'affaiblis cette opposition; j'attriste ses amis; je prépare des joies à ses adversaires..... J'ai craint comme eux que les confidences que je venais de faire au public eussent ces résultats; et peu s'en est fallu que je ne jetasse mon livre au feu. Comme eux, comme toute la France constitutionnelle, j'ai professé la plus haute estime pour des caractères politiques que j'admirais; et, chez moi, cette estime est allée jusqu'au respect, jusqu'à l'hommage. Je l'ai prouvé; et je crois même que j'en ai laissé entrevoir quelque chose dans le cours de cet écrit.

Mais, en réfléchissant davantage aux conséquences qu'il pouvait avoir, j'ai bientôt reconnu que les révélations qu'il contient ne pouvaient, en aucune manière, nuire à la cause constitutionnelle, et que le résultat le plus fâcheux qu'elles puissent avoir, serait de contrarier quelques ambitions particulières, auxquelles je ne pense pas que l'on doive sacrifier l'intérêt général.

Dans tous les temps et chez tous les peuples, les sacrifices d'orgueil, d'intérêt personnel, d'affection ou de haine que la chose publique a exigés de ceux qui étaient le plus particulièrement appelés à la servir, ont été la pierre de touche du véritable patriotisme.

Est-ce ma faute si, de nos jours, celui de quelques hommes qui sont placés dans cette position, n'a pas résisté au genre d'épreuve que les circontances dont je rends compte leur ont fait subir?

A Dieu ne plaise, cependant, que j'accuse leur patriotisme! Un excès de délicatesse, une susceptibilité qui eussent dû céder à la grande raison d'état, ont seuls fait tout le mal; seuls, ils ont fait commettre à des esprits supérieurs la faute grave sur laquelle je me serais tu, si la situation extraordinaire, et si éminemment politique dans laquelle je me suis trouvé à l'époque dont je parle, ne me faisait un devoir d'éclairer l'opinion publique, que l'on a trompée sur les événemens de cette époque.

Je m'attends bien que les absolutistes du parti constitutionnel, de ce parti auquel je tiens à honneur d'appartenir, blâmeront mes révélations. Je ne leur répondrai qu'en plaignant leur aveuglement.

Mais si, poussant plus loin l'injustice, ils accusaient mes intentions; s'ils soupçonnaient mes sentimens; s'ils élevaient des doutes sur la pureté de mes opinions : alors j'invoquerais contre eux ma vie polique et administrative, le sacrifice que je fais, depuis 14 ans, de mon existence et de celle de ma famille à la religion de ces mêmes opinions dont ils oseraient soupçonner la sincérité.

Cela fait, et s'ils persistaient dans leur blâme, dans leurs censures, je leur dirais :

« Je n'écris pas pour un parti, pour une cotterie, mais bien pour la France constitutionnelle, c'est-à-dire, pour les vingt-neuf trentièmes des Français; mais bien pour l'histoire, ce juge impartial de tous les hommes qui apparaissent sur la scène politique des nations. C'est à eux à juger de l'utilité et de l'opportunité de mes révélations; et c'est avec le calme d'un homme qui pense n'avoir fait, en portant à la connaissance de la France tout ce qu'on vient de lire, qu'une action louable, courageuse, utile, que j'attends leur jugement.

« Un grand procès est pendant au tribunal

de la France constitutionnelle. J'en suis le rapporteur. Elle aura, dans sa propre cause, à prononcer sur ces graves questions :

1ʳᵉ. « Les hommes que j'avais chargés de
« défendre mes institutions, contre ceux qui
« les attaquent, devaient-ils refuser le pouvoir,
« la direction de mes affaires qui leur étaient
« offerts à côté d'un homme devenu, par la
« grande confiance dont le monarque l'hono-
« rait, un instrument utile, nécessaire, indis-
« pensable, et m'abandonner aux chances de
« leur refus imprudent?

« Devaient-ils, lorsqu'on leur apportait les
« moyens de réparer le mal qui m'a été fait
« par une administration contre-révolution-
« naire, et de consolider mes institutions que
« cette administration avait ébranlées, rejeter
« ces moyens, par cela seul qu'ils leur étaient
« présentés par l'homme qui avait présidé
« cette même administration?

« 2ᵉ. Était-il prudent d'attendre de la force
« des nombres, laquelle n'était rien moins que
« sûre, et d'une opposition qui menaçait d'ê-
« tre violente, et qui n'a été que soumise, les
« satisfactions qui m'étaient accordées par le

« monarque, à la condition que l'homme de son choix et de sa confiance concourrait à leur développement?

« 3ᵉ. Dois-je continuer mes pouvoirs et ma confiance à ceux qui ont ainsi méconnu mes plus chers intérêts?

« 4ᵉ. Celui qui m'a informé des fautes commises, qui m'avertit des dangers auxquels elles m'exposent, a-t-il encouru mon blâme ou provoqué ma reconnaissance?

. . . .

Maintenant que j'ai rempli la tâche que je m'étais imposée, deux questions se présentent à ma pensée :

1ʳᵉ. Dois-je publier tout ce que j'ai fait en décembre 1827, avec M. le comte de Villèle, sans l'en prévenir?

2ᵉ. Est-il utile, est-il convenable que je prévienne MM. les ministres de la publicité que je vais donner à ma négociation de cette époque avec le président de l'ancien conseil?

La franchise étant le propre de mon caractère, j'ai aussitôt résolu par l'affirmative cette première question.

En effet, selon moi il y aurait de la déloyauté, un manque d'égards, et même de la maladresse à donner de la publicité aux grandes circonstances dont je viens de faire l'historique, sans en prévenir celui qui y prit une part si franche, si honorable; qui se plaça auprès de moi dans une situation si délicate; qui consentit à établir entre lui et moi des rapports d'une si haute importance.

J'ai donc prévenu M. le comte de Villèle de ma résolution dans la lettre suivante :

Paris, le 5 novembre 1828.

Monsieur le comte,

« Lorsque je me suis imposé la tâche dif-
« ficile autant qu'honorable de négocier au-
« près de vous pour préparer et assurer, en-
« fin, le triomphe des intérêts et de la cause
« constitutionnelle, lequel devait résulter
« de la formation d'une administration qui
« se serait trouvée en harmonie parfaite avec
« ces intérêts; lorsque je vous déterminai à
« accepter, pour base d'une négociation
« qui était devenue indispensable, et aux
« principes de laquelle il faudra, tôt ou tard,

« que l'on revienne, les conditions que j'ai
« rassemblées dans un résumé adressé à M. le
« dauphin et communiqué à MM Laffitte,
« Royer-Collard, Casimir Périer, etc., lors-
« que je fis tout cela, je crus remplir un
« noble devoir.

« Mes démarches, vos concessions faites
« AU NOM DU ROI, n'ayant pas eu le succès
« que je devais raisonnablement en espérer,
« et ce non-succès, fruit de préventions que
« la prudence commandait d'étouffer, d'une
« haine qui eût dû céder à un véritable pa-
« triotisme, ayant laissé l'opinion publique
« dans l'ignorance de tout ce qui avait été
« résolu entre vous et moi, il me reste à ac-
« complir un autre devoir non moins impor-
« tant, non moins utile, peut-être, que ne
« l'eût été celui que je m'étais imposé en dé-
« cembre dernier : c'est de faire connaître à
« la France tout ce qui s'est fait à cette épo-
« que dans les intérêts de ses institutions.

« De toutes parts et par tous ses canaux,
« la calomnie distille ses poisons. Si je dis la
« calomnie, monsieur le comte, ce n'est pas
« que je prétende que les accusations dirigées

« contre votre administration sont généra-
« lement fausses : telle ne peut pas être la
« pensée de celui qui a eu la franchise et
« le courage de parler à vous-même des
« fautes commises, de vous les reprocher;
« mais c'est parce que, dans tout ce qui m'oc-
« cupe, je ne porte pas ma pensée au-delà
« de décembre dernier.

« Dans les journaux, dans les salons et
« jusque dans certains cabinets ministé-
« riels, la calomnie, dis-je, vous présente,
« vous attaque comme le principal appui de
« la faction jésuitique, comme le représen-
« tant, toujours en crédit à la cour, des en-
« nemis de nos institutions.

« Tant de personnes, aujourd'hui éminen-
« tes, se trouvent intéressées à vous cou-
« vrir de ce double manteau, qu'il ne faut
« pas s'étonner si elles prêtent à la calomnie
« le secours de leur influence : c'est pour
« elles un moyen comme un autre de se
« populariser, et, malheureusement pour
« vous, les actes de l'administration que vous
« présidâtes lui donnent une efficacité qu'il
« est difficile de détruire. Il faut pardonner

« à ceux qui portent contre vous ces accusa-
« tions : ils n'ont pas assisté à nos conférences
« de décembre dernier (1); ils ignorent ce qui
« y fut résolu en faveur des intérêts au nom
« desquels ils vous accusent; ils voient le
« mal que vous avez fait ou laissé faire, et
« le remède que vous voulûtes y apporter
« est resté inaperçu par eux.

« L'hypocrisie, qui a joué un rôle si in-
« fluent pendant la dernière session; l'hypo-
« crisie elle-même, qui a établi sa puissance
« sur les ruines de la vôtre, s'attaque à moi,
« et blâme des démarches qui devaient avoir,
« qui, sans elle, eussent eu un résultat si
« grand, si heureux sur les destinées de no-
« tre patrie.

« Mais le moment approche où le masque
« dont elle se couvre tombera. Ma publica-
« tion fera pâlir plus d'un héros politique.
« Notre Charte, notre religion constitution-
« nelles ont aussi leurs tartufes. Il est temps
« que la France les connaisse, et j'ai cru qu'il
« m'appartenait de les signaler. Notes, cor-

---

(1) Voir de la page 78 à la page 99.

« respondance, conférences, entretiens, mé-
« moires au roi, je vais tout publier. L'inté-
« rêt de mon pays, celui de la vérité l'em-
« portent sur certaines considérations socia-
« les. Ce n'est pas avec des ménagemens que
« l'on force les gouvernemens à rentrer dans
« la voie légale, et les hommes publics à rem-
« plir leur devoir, ou à quitter la toge qu'ils
« ont obtenue d'une confiance dont ils ces-
« sent d'être dignes, du moment qu'ils ces-
« sent d'être tels qu'ils se sont montrés à elle.

« Je viens d'écrire à MM. les ministres,
« pour les prévenir de cette publication et
« pour leur faire connaître les motifs qui
« m'y déterminaient.

« Je crois devoir, monsieur le comte, vous
« envoyer copie de ma lettre à leurs excel-
« lences.

« Le grand argument de ceux qui connais-
« sent ma résolution est celui-ci : M. de Vil-
« lèle niera ou pourra désavouer tout ce que
« vous dites. Il le pourra, car vous n'avez
« rien de lui qui prouve ce que vous avancez...

« Ma réponse à cette objection sera, com-
« me mes preuves, dans la lecture de mon

« écrit. Ennemis comme amis, quiconque
« m'aura lu me croira ; sans compter que
« le souvenir de ce que vous m'avez dit
« dans nos entretiens confidentiels, me ras-
« sure parfaitement à cet égard.

« Et puis, quel intérêt pourriez-vous avoir,
« monsieur le comte, à nier la vérité, à dés-
« avouer ce dont nous convînmes ensemble
« le 17 décembre dernier? Serait-ce d'empê-
« cher que le parti-prêtre et la vieille aris-
« tocratie crussent que vous avez voulu im-
« poser à celui-là le joug des lois, et forcer
« celle-ci à se soumettre à toutes les consé-
« quences du gouvernement que la Charte
« nous a donné ?

« Mais vous n'étiez plus depuis long-
« temps l'homme de leur choix; et il y eut
« trop d'honneur à avoir pris, quoique tar-
« divement, une aussi noble résolution, pour
« que vous voulussiez aujourd'hui y renon-
« cer en échange d'un peu de leur estime
« qu'il vous faudrait payer au prix de la
« haine publique.

« Serait-ce que vous espéreriez par cette
« dénégation, dont, au besoin, je saurais

« prouver la fragilité, rentrer dans les bon-
« nes graces de ces deux fractions ou fac-
« tions de notre corps politique, et qu'elles
« pourraient vous ouvrir encore une fois
« les portes du ministère ?

« Mais, outre que vous avez trop d'esprit
« pour entreprendre de donner inutile-
« ment un démenti à des faits désormais
« irrécusables, vous savez à quelles condi-
« tions le parti-prêtre et la vieille aristocratie
« vous ont porté et maintenu au pouvoir, à
« quelles conditions ils vous y porteraient
« de nouveau....

« Or, premièrement, ces conditions ne peu-
« vent plus être remplies. Aucun de nos athlè-
« tes politiques ne serait assez fort pour as-
« seoir et pour soutenir en France un gou-
« vernement quelconque sur des bases aussi
« fragiles.

« Secondement, un ministère choisi par
« l'ultramontanisme et l'ultra-royalisme ne
« peut plus être imposé à notre pays.

« Si des circonstances imprévues forçaient
« celui qui a succédé au vôtre à se retirer,
« ce ne pourrait être que pour céder la place

« à un ministère unanimement et fortement
« constitutionnel, tel que celui dont nous
« avions arrêté la formation, le 17 décem-
« bre dernier. Mais un pareil ministère, dont
« la cour aura toujours la faiblesse et l'injus-
« tice de s'effrayer, ne peut être ramené que
« par un concours de circonstances sembla-
« bles ou analogues à celles dans lesquelles
« nous nous sommes trouvés à cette époque,
« aidées des combinaisons que j'avais imagi-
« nées. Or, des circonstances, des combinai-
« sons de cette nature ne se reproduisent pas
« deux fois aisément.

« Recevez, je vous prie, monsieur le comte,
« l'assurance de ma haute considération.

« FLANDIN,
« Commissaire des guerres de première classe,
« en non activité, rue Blanche, n° 3. »

Quant à la seconde question, elle me provoquait à plus de réflexion. Il n'y avait pour moi aucune obligation de faire connaître aux membres du conseil actuel l'intention où j'étais de rendre publique la négociation dont il s'agit, puisqu'ils y furent tous étrangers, et un grand intérêt pouvait seul m'y déterminer.

J'avais donc à examiner s'il y avait effectivement utilité à le faire. Dès-lors je me fis ce raisonnement :

En politique, pour qu'une démarche obtienne l'approbation publique, il faut qu'elle soit utile, il faut qu'elle ait l'intérêt général pour objet, et que cet intérêt en soit, en quelque sorte, le seul motif. Sans cette condition une démarche de la nature de celle sur laquelle je délibère, n'est qu'indiscrète, inconvenante, ridicule.

Or, celle que je me propose de faire auprès des membres du conseil, remplit-elle cette condition?

Je le crois ; on en jugera par les considérations qui suivent.

Les ministres actuels avaient été appelés à succéder à l'ancienne administration pour réparer le mal qu'elle avait fait....... Le discours du trône, à l'époque de l'ouverture de la session de 1828, l'a fait assez connaître.

Ont-ils, pendant et depuis cette session,

rempli cette noble tâche ? Ont-ils voulu, ont-ils pu la remplir ?

S'ils l'ont remplie, nous n'avons rien à leur demander; toute publication, tendant à les mettre en présence de ma négociation avec le président de l'ancien conseil, est sans objet; au lieu d'avoir à leur adresser des reproches, nous leur devons des actions de graces.

Mais s'ils ne l'ont pas remplie, s'ils n'ont rien fait, ou à peu près rien, pour donner au pays les satisfactions qu'il attend, qui lui ont été promises, il devient utile, il est nécessaire de mettre l'administration actuelle en présence du président de l'ancien conseil traitant avec moi de la formation d'une administration qui fût franchement constitutionnelle; d'opposer les engagemens pris par lui, au nom du roi, à la conduite beaucoup plus qu'équivoque que le plus grand nombre des ministres ont tenue depuis leur entrée au conseil.

Toute la question de l'utilité de la démarche que je me propose de faire auprès d'eux, est donc dans la solution de celles qui précèdent.

Or, il est évident que les ministres actuels n'ont pas donné au pays la vingtième partie des satisfactions que j'avais stipulées avec M. le comte de Villèle et obtenues de lui.

Il peut donc y avoir, il y a donc nécessité de faire connaître à la France quelles étaient ces satisfactions que j'avais imposées et obtenues, afin qu'elle soit juge entre celles qui avaient été acceptées et promises par le président de l'ancien conseil, au nom du roi, et ce qui a été fait par le conseil créé par l'ordonnance du 4 janvier 1828.

Et comme ce rapprochement, livré à l'opinion publique, peut et doit influer sur les déterminations de ce conseil, et, peut-être aussi, sur celles de la couronne (car par quelles raisons, valables en soi, la couronne et les membres du conseil pourront-ils expliquer la différence si grande, si étrange qu'il y a entre la marche suivie par le gouvernement depuis la chute de l'ancienne administration, et les engagemens pris, au nom du roi, par celui qui en était le président?);

comme ce rapprochement, dis-je, peut et doit influer sur les déterminations de nos gouvernans, j'ai cru,

Premièrement, qu'il y avait urgence de publier l'historique de toute ma négociation politique avec M. le comte de Villèle;

Secondement, qu'il était tout à la fois nécessaire et convenable de prévenir MM. les ministres de la publicité que j'allais donner à cette négociation, et des motifs qui m'y déterminaient; et c'est ce que j'ai fait dans la lettre qui suit, et que j'ai adressée à chacun d'eux.

« Paris, le 20 octobre 1828.

« Messieurs les ministres,

« Plusieurs membres du conseil actuel (1)
« ont eu connaissance en détail de la né-
« gociation politique que j'ai ouverte, con-
« duite et consommée en décembre der-
« nier avec M. le comte de Villèle, à l'effet
« de mettre le ministère et la haute admi-

---

(1) MM. de Caux, Martignac, Hyde-de-Neuville.

« nistration en harmonie avec les élémens
« parlementaires que les nouvelles élections
« amenaient dans la chambre élective ; et
« l'envoi fait à vos excellences de deux mé-
« moires que j'ai adressés au roi, en janvier
« et février de cette année, n'a laissé aucun
« de vous, messieurs, dans l'ignorance de ce
« que j'ai fait à cette époque, vers laquelle,
« d'ailleurs, une lettre que j'ai écrite, le 28
« du mois d'août dernier, à S. A. R. mon-
« sieur le dauphin, et dont je vous ai envoyé
« une copie, a dû ramener votre souvenir.

« Si le ministère que vous composez eût,
« par ses actes à l'intérieur et à l'extérieur,
« satisfait aux besoins du pays, aux exi-
« gences publiques constitutionnelles, ou
« s'il se fût sincèrement et généralement dis-
« posé à y satisfaire, j'oublierais ce que j'ai
« fait dans l'intérêt de la France et du
« trône, parce que je trouverais dans ses
« actes, et dans ses dispositions franchement
« manifestées, l'accomplissement immédiat
« ou prochain de toutes les conditions du
« traité que j'avais conclu avec l'ancien pré-
« sident du conseil.

« Mais il s'en faut de beaucoup que la ses-
« sion de cette année et les actes qui l'ont
« suivie, aient accompli le grand œuvre de
« notre régénération politique. Le minis-
« tère (1) est resté tellement en arrière des
« conventions du 17 décembre dernier ; il
« me semble, soit par faiblesse, soit par sen-
« timent, si peu disposé à les prendre pour
« règle de sa conduite, qu'après tout ce que
« j'ai fait à cette époque, je me dois, je dois
« à la France que l'on trompe sur ce point ;
« je dois peut-être au roi, à l'homme d'état
« avec qui j'ai traité des plus grands intérêts
« du pays et du trône, et dont, depuis sa
« retraite, on accuse sans cesse les inten-
« tions et les démarches ; je me dois, dis-je,
« je dois au roi et à M. le comte de Villèle de
« faire connaître toute la polémique de dé-
« cembre dernier, tout ce qui s'est traité, fait
« et écrit alors par moi, tant avec cet ex-
« président du conseil et quelques mem-

---

(1) Pris collectivement, et abstraction faite des dispositions personnelles de quelques-uns de ses membres dont les intentions sont bonnes.

« bres influens de l'opposition constitution-
« nelle (1), qu'avec S. A. R. monsieur le
« dauphin.

« L'opinion publique, que l'on égare après
« avoir séduit quelques-uns de ses premiers
« organes, à laquelle on arrache chaque jour
« une approbation, des suffrages et jusqu'à
« de la reconnaissance, l'opinion publique a
« besoin d'être éclairée. Il est temps qu'elle
« puisse comparer, juger, prononcer entre
« ce qui avait été résolu avec moi par M. le
« comte de Villèle, et ce qui a été fait par le
« ministère actuel; entre notre situation, telle
« que ce ministère l'a faite, et celle dans la-
« quelle nous nous trouverions, si le traité
« du 17 décembre dernier n'eût pas été re-
« poussé par ceux-là même que leur patrio-
« tisme devait forcer à l'accepter (2).

---

(1) MM. Laffitte, Périer, Royer-Collard.

(2) MM. Royer-Collard, Périer, Sébastiani. A l'égard de M. le général Sébastiani, je dois dire une chose : c'est que je n'ai pas communiqué avec lui. Je l'aurais pu sans doute facilement ; mais un homme honorable auquel je crus devoir confier tout ce que j'avais fait, se chargea de l'entretenir de l'état où j'avais

« Par ce traité, qui appelait plusieurs de
« vos excellences dans le conseil dont j'avais
« arrêté la formation avec M. le comte de
« de Villèle, la France obtenait un change-
« ment total dans le système politique suivi
« jusqu'alors;

« Le renvoi immédiat de trois hauts fonc-
« tionnaires que l'opinion répudiait, qu'elle
« avait flétris;

« Celui d'un grand nombre de préfets et
« de sous-préfets;

« Le rapport de toutes les lois qui sont
« en opposition avec nos mœurs, qui vio-
« lent la lettre de la Charte ou altèrent son
« esprit;

« La présentation de toutes celles qui man-
« quent au complément de notre organisa-
« tion constitutionnelle ;

« L'exécution immédiate, pleine et en-
« tière des lois du royaume qui ont aboli

---

placé les choses.... Le fit-il? j'en doute, ou plutôt
on a vu par la narration que je publie qu'il est plus
que douteux qu'il ait dit à M. le général Sébastiani
le véritable état des choses.

« les congrégations, supprimé, expulsé les
« jésuites.

« Par ce traité, dis-je, la France obtenait
« toutes les satisfactions qu'elle réclame de-
« puis si long-temps, une administration
« forte, et l'entrée dans le conseil d'hommes
« d'état dont la seule apparition sur notre
« scène politique eût imposé à toutes les am-
« bitions, comme à tous les despotismes, la
« modération, la justice et la paix ; et nous
« n'eussions pas été entraînés dans les cir-
« constances graves qui compromettent la
« tranquillité de l'Europe, et qui nous coûte-
« ront des milliards, peut-être, la perte de
« notre marine, le sacrifice inutile et sans
« gloire d'une armée que le ministère pourra
« rendre nombreuse, mais qu'il tentera vai-
« nement de rendre forte, placée sur le ter-
« rain où il l'a transportée.

« J'ai donc l'intention de développer tou-
« tes ces considérations d'un ordre si élevé;
« et j'ai cette intention, parce que, au re-
« gret qu'elles feront éprouver à tous ceux
« qui me liront, de ce que le traité du 17
« décembre n'a pu recevoir son exécution,

« se joindra, sans doute, de la part de vos
« excellences, le sentiment du besoin où el-
« les seront de réparer les fautes de 1828; de
« faire le bien devant lequel elles ont reculé;
« d'arrêter, s'il est possible, le mal qu'une
« politique faible, malentendue, une pusil-
« lanimité répréhensible ont produit.

« C'est ainsi que la France apprendra,
« avec autant de surprise que de satisfaction,
« que toutes ces grandes concessions à l'opi-
« nion publique, qui furent la base du traité
« de décembre dernier, me furent annoncées
« et consenties par M. le comte de Villèle,
« AU NOM DU ROI.

« Mais, alors, elle se demandera comment
« il se fait qu'une administration qui s'est
« établie sur les ruines de celle qui a disparu
« le 4 janvier; qui semble avoir été créée
« pour réparer les fautes, pour faire oublier
« (disons le mot) les crimes de l'ancienne,
« ait si mal compris les intentions du mo-
« narque; comment il se fait qu'elle se soit
« imposé la tâche pénible de combattre pen-
« dant la session, et de repousser depuis, les
« améliorations politiques qui avaient été

« admises comme élémens du traité de dé-
« cembre dernier, comme conditions de ce
« traité ?

« Vos excellences, messieurs, ne préten-
« dront pas, je pense, qu'elles ont fait pour
« le pays quelque chose de bien significatif
« en lui donnant la loi sur les listes électo-
« rales, celle bien peu complète, bien peu
« généreuse sur la liberté de la presse, et en
« faisant rendre les insignifiantes ordon-
« nances du 16 juin; car que sont ces con-
« cessions étroites à côté de celles bien au-
« trement larges, bien autrement nécessaires
« que la France demande? Que sont-elles à
« côté de celles que j'avais obtenues en dé-
« cembre dernier, et auxquelles M. le comte
« de Villèle avait consenti avec un abandon,
« avec une bonne foi qui eussent dû l'absou-
« dre des grandes fautes qu'il avait commi-
« ses? Que sont-elles à côté de la situation
« dans laquelle une politique qui n'a su ni
« prévenir l'attaque, ni préparer la résis-
« tance, a jeté notre pays?

« Ah! je ne dis pas qu'il fallait déclarer la
« guerre à aucune puissance; mais il fallait

« prendre position sur le terrain de la Charte
« et des institutions qu'elle nous garantit; il
« fallait opposer des armemens défensifs et
« conditionnellement inoffensifs, à des ar-
« memens offensifs; rassembler une forte
« armée sur la ligne de nos possessions rhé-
« nanes; faire d'utiles alliances avec les puis-
« sances que ces derniers armemens devaient
« inquiéter..... Alors, la délivrance de la
« Grèce, pour laquelle nous allons épuiser
« nos trésors, fatiguer nos populations et
« couvrir tant de familles de deuil; alors,
« dis-je, la délivrance de la Grèce fût sortie
« des rangs de nos bataillons pacifiques; le
« Grand-Sultan eût compris ce que signifiait
« cette alliance, et qu'elle était aussi disposée
« à s'opposer à tout envahissement de son
« territoire, qu'à la destruction, à l'esclavage
« des Grecs; et vos excellences n'eussent pas
« été entraînées à faire des armemens mari-
« times ruineux, qui hâtent l'époque d'une
« guerre avec les éternels rivaux de notre
« puissance sur mer, et qui ne laisseront, avant
« un an, que le regret d'avoir, par ces ar-
« memens, plus chevaleresques que glorieux,

« mais tout-à-fait inopportuns, intempestifs,
« préparé de nouvelles catastrophes, la perte
« de notre marine naissante, si chèrement
« achetée.

« Car, que vos excellences ne se trompent
« pas sur la situation de nos affaires dans
« l'Orient, sur les dispositions de l'Angle-
« terre : cette situation est des plus précaires,
« des plus chanceuses.

« L'Angleterre ne peut pas consentir au
« blocus des Dardanelles, à ce que la Russie
« domine dans la Méditerranée, commande
« dans la mer Noire, règne seule sur le Bos-
« phore. Bientôt, par un grand acte de jus-
« tice et de politique, elle aura pacifié l'Ir-
« lande. Alors, elle pourra porter toute son
« attention sur l'Orient, appliquer toutes ses
« forces, tous ses moyens au maintien de sa
« prépondérance maritime, qu'elle ne doit
« consentir à perdre sur aucun point.

« Déjà elle prépare de nombreux arme-
« mens qui sont destinés à grossir ceux
« qu'elle a sur le théâtre de la guerre. Dans
« peu de semaines elle y aura des flottes
« supérieures en nombre et en forces à celles

« des flottes réunies de la France et de la
« Russie..... Qui osera dire que ses flottes, si
« nous continuons à nous montrer les auxi-
« liaires de la Russie(1), ne nous seront
« pas hostiles? Qui sera assez présomptueux
« pour assurer que le résultat d'une hosti-
« lité entre notre flotte et celle de l'Angle-
« terre, ne sera pas la perte, la destruction
« entière de nos armemens imprudemment
« improvisés, plus imprudemment encore
« offerts en holocauste à un peuple et pour
« une cause qui pouvaient être défendus des
« Tuileries avec plus de succès, qu'ils ne le
« seront par nos soldats sur le sol même de
« la Grèce.

« Peut-être, messieurs, est-il encore temps
« d'éviter la catastrophe que j'appréhende.

---

(1) Le rôle de la France était et sera toujours de n'être l'auxiliaire d'aucune puissance, mais la médiatrice de toutes les querelles, pour imposer à tous les gouvernemens la justice et la paix. Ainsi le veut sa dignité, pour le soutien de laquelle elle aura toujours assez de force, lorsqu'elle sera bien gouvernée.

« Pour cela, il faut dire au Grand-Sultan :

« Reconnaissez l'indépendance de la Grèce,
« et rendez le commerce de la mer Noire et
« du Bosphore libre pour toutes les puis-
« sances.

« A ces conditions, mais à ces conditions
« seulement, nous retirons nos troupes de
« la Morée; nous plaçons une armée de
« 200 mille hommes sur le Rhin, et nous si-
« gnifions à la Russie que si elle ne traite
« pas de la paix avec votre hautesse sur
« la seule base de la réparation des griefs
« qu'elle prétend avoir à redresser, et en
« acceptant la médiation de la France, de
« l'Angleterre et de l'Autriche, une alliance
« de ces trois puissances sera aussitôt for-
« mée contre elle.

« Si vous n'acceptez pas ces conditions,
« cette même alliance tournera ses armes
« contre votre hautesse. »

« De cette manière, le ministère aura
« rendu à la Grèce la paix et la liberté; il
« aura garanti notre marine contre les dan-
« gers qui la menacent; refoulé bien loin
« dans l'avenir ou rendu désormais impos-

« sible l'exécution des projets ambitieux de
« la Russie ; conquis à la France la prépon-
« dérance qu'elle doit avoir dans les affaires
« de l'Europe ; ôté à l'Angleterre tout pré-
« texte de faire des armemens qui nous se-
« raient hostiles ; réalisé les seuls moyens
« que nous ayons d'augmenter en toute sé-
« curité notre puissance maritime (1).

« Tout cela, je le sais, exige une grande
« force de résolution. Mais, avec une nation
« comme la nôtre, un gouvernement peut
« entreprendre, peut oser tout ce qui est
« juste et grand, tout ce qui peut assurer
« son indépendance, sa gloire et sa prospé-
« rité : il ne faut que vouloir.

---

(1) Je dirai, ailleurs, ce qu'il eût été prudent de faire pour créer, pour conserver une marine forte et à l'abri de toute agression destructive ; et je n'aurai pour cela qu'à rappeler ce qui fut fait par un pouvoir dont la chute est due à une grande et honteuse trahison, aujourd'hui prouvée par des actes que l'impartiale histoire a déjà recueillis ; pouvoir, il faut bien le dire, qui, constamment occupé de la gloire de la France, ne manqua de prévoyance que lorsqu'il s'est agi de ses intérêts personnels. Oubli de soi-même qui a provoqué le ministère anglais à un grand attentat......

« Messieurs, vos excellences s'abuseraient,
« elles méconnaîtraient mon caractère et ne
« me rendraient pas justice, si elles pensaient
« qu'un sentiment hostile envers le ministère
« m'a dicté cette lettre, et me décide à publier
« ce qui s'est passé en décembre dernier. Un
« sentiment plus noble, plus généreux m'inspi-
« re cette démarche. Je veux, en apprenant à la
« France les résolutions que j'avais fait pren-
« dre, dans ses intérêts, par le président de l'an-
« cien conseil, aider vos excellences à entrer
« franchement dans la carrière des amélio-
« rations politiques constitutionnelles qu'el-
« les ont, sans doute, l'intention d'apporter
« dans notre législation ; je veux les fortifier
« par l'exemple de M. le comte de Villèle,
« dont l'attachement au monarque garantis-
« sait la pureté de ses intentions, contre les
« oppositions qu'elles rencontrent de la
« part d'un certain parti qui repousse ces
« améliorations ; enfin, je veux être utile à
« la France, au roi, au ministère, dont les
« intérêts et les vœux doivent toujours être
« identiques.

« Si, en publiant tout ce qui s'est fait par

« moi et avec moi, en décembre dernier,
« je montre que certains individus n'ont
« repoussé le traité de cette époque qu'en
« haine de celui avec qui je l'avais passé,
« et parce qu'ils s'étaient persuadés qu'ils
« étaient ou seraient assez forts pour em-
« porter d'assaut toutes les concessions que
« la sagesse du roi, la prudence et la convic-
« viction tardive de son premier ministre
« avaient accordées à mes sollicitations, à mes
« exigences ; si mes révélations attiraient
« sur eux le blâme public, la faute en serait
« à ces mêmes hommes, à qui j'apportais
« cette transaction si heureuse, si inatten-
« due, pour qu'ils en fissent hommage à cette
« France qui venait de leur confier le man-
« dat honorable de la représenter au sein
« de la législature.

« Je terminerai cette lettre, messieurs,
« par une dernière réflexion : c'est que l'ou-
« bli que vos excellences ont placé entre elles
« et le négociateur du traité de décembre
« dernier, ne peut s'étendre sur ce traité,
« sur les conditions que j'y avais stipulées
« pour la France, dont S. A. R. monsieur le

« dauphin voulut que je lui donnasse con-
« naissance, et que le roi et son premier mi-
« nistre avaient acceptées.

« Cet oubli n'empêche pas que ce traité
« n'ait existé, qu'il ne soit présent au sou-
« venir de vos excellences. Ici les choses sont
« plus puissantes que les hommes, et elles
« vivront plus qu'eux. Blâme à ceux qui ont
« pu assurer l'exécution de ce traité et qui
« ne l'ont pas fait! La France, qu'ils pou-
« vaient rendre heureuse, libre et forte, les
« jugera. Honneur aux ministres, aux hom-
« mes d'état qui se chargeraient d'en faire
« revivre les stipulations, et de faire triom-
« pher les principes qu'elles renferment!

« Je suis, messieurs, avec un profond res-
« pect,

« De vos excellences,

Le très-humble et très
obéissant serviteur.

FLANDIN.

PIÈCES JUSTIFICATIVES.

N° I.

M. le baron d'Acher, secrétaire de monsieur le dauphin, a l'honneur d'inviter M. Flandin à passer le 18 décembre, à midi, avec cette lettre, rue de Chartres, n° 1.

Aux Tuileries, le 17 décembre 1827.

N° II.

CHAMBRE DU ROI.

Le baron Charles de Damas a l'honneur de prévenir M. Flandin qu'il a remis au roi sa lettre* adressée à sa majesté. Il lui offre l'assurance de sa parfaite considération.

Tuileries, le 18 janvier 1828.

---

* Par lettre, il faut entendre mon premier mémoire au roi, car je n'ai écrit aucune autre lettre a sa majesté à cette époque.

N° III.

Je vous accuse réception, monsieur, puisque vous le désirez, de votre second mémoire au roi. J'avais également reçu le premier. Je les ai lus l'un et l'autre *avec l'attention qu'ils méritent.*

J'ai l'honneur d'être, monsieur, votre très humble serviteur.

ROYER-COLLARD.

17 février.

TABLE DES MATIÈRES.

Avertissement.   Page 3

CHAPITRE PREMIER.   13

Considérations sur la dissolution de la chambre de 1827. — Dans quel but M. de Villèle la fit prononcer. — Sa situation vis-à-vis des partis divers. — Motifs qui me déterminèrent à tenter une négociation auprès de lui. — Demande d'une audience. — Elle m'est accordée. — Je suis reçu. — Remise d'une premiere note.

CHAPITRE II.   45

Ma première note fait impression sur M. de Villèle. — Envoi de cette première note à M. le dauphin. — J'en informe M. de Villèle. — Deuxième note. — Je me présente le 16 décembre au salon de ce ministre. — Entretien avec lui. — Rendez-vous donné pour le lendemain.

CHAPITRE III.   75

Mes réflexions sur l'entretien de la veille et sur la position dans laquelle il me plaçait. — Je me rends chez M. de Villèle. — Conférence du 17. — Quasi-traité avec ce ministre.

CHAPITRE IV. 105

Je rends compte à M. Laffitte de ma conférence avec M. de Villele. — Je suis appelé chez le secrétaire des commandemens de monseigneur le dauphin. — Pourquoi ? — Je l'informe de ce ce que j'ai fait avec M. de Villèle. — Il m'invite à en instruire le prince. — Je le fais.

CHAPITRE V. 113

Je retourne chez M. Laffitte. — Son embarras, expression de défiance. — Étrange demande à laquelle je m'empresse de satisfaire. — Lettre importante sur la matière.

CHAPITRE VI. 133

Troisième entretien avec M. Laffitte. — Il prend la résolution d'aller chez M. de Villèle.

CHAPITRE VII. 147

Quatrième entretien avec M. Laffitte. — M. de Villèle lui confirme tout ce que j'avais dit et fait. — Grande faute commise par M. Laffitte dans son entretien avec le ministre.

CHAPITRE VIII. 159

Cinquième entretien avec M. Laffitte. — Proposition qu'il me charge de faire à M. de Villele. — Je me rends chez ce ministre. — Grande réunion qui me force à l'informer par écrit du motif de ma visite. — Étrange contradiction de M. Laffitte.

CHAPITRE IX. 169

Lettre importante à M. Laffitte. — Autre à M. de Villèle. — Je me rends chez ce ministre. — Mon entretien avec lui. — J'écris à M. le dauphin. — Au roi. — Sixième entretien avec M Laffitte.

CHAPITRE X. 187

Entretien avec M. Casimir Périer.

CHAPITRE XI. 197

Entretien avec M. Royer-Collard.— Il refuse, ainsi que l'avait fait M. Casimir Périer, son adhésion au quasi-traité que j'avais conclu avec M. de Villèle. — Réflexions sur ce refus. — J'en rends compte à ce ministre; à M. le dauphin; à M. Laffitte. — Lettre au roi. — Projet d'un manifeste envoyé à sa majesté; à M. le dauphin; à M. de Villele.

CHAPITRE XII. 233

Mes démarches, ma négociation n'avaient pu rester secrètes.—On en parle dans le monde, dans les journaux. — J'en informe M. Laffitte.

CHAPITRE XIII. 245

Ordonnance du 4 janvier 1828. — Premier mémoire au roi. — Il est mis sous les yeux de sa majesté. —Intrigues pour former un ministère composé d'ultra-royalistes. — Deuxième mémoire au roi. — On ne m'en accuse pas la réception. —Lettre à M. le duc Charles de Damas, premier gentilhomme de la chambre. —Discours de la couronne. — Lettre à M. le dauphin, sur ce discours.

CHAPITRE XIV. 309

M. Royer-Collard et autres blâment mes démarches. — Lettre à ce député. — Sa réponse.

(364)

CONCLUSION. 325

Lettre à M. le comte de Villèle. — Lettre aux ministres actuels.

Pièces justificatives. 359

FIN.

www.ingramcontent.com/pod-product-compliance
Lightning Source LLC
Chambersburg PA
CBHW050312170426
43202CB00011B/1873